'오래 알고 지내면 서로 의심하지 않는다'는 말이 있다. 역으로 생각하면, 의심하지 않으면 오랫동안 가까이 지낼 수 있다는 말도 된다. 의심은 우리가 자주 빠지기 쉬운 마음의 함정 중 하나이며, 남과 자신을 해치는 근원이 된다. 의심을 하기 시작하면 주변의 모든 사물에 습관적으로 부정적인 생각을 갖게 된다. 일단 의심이라는 함정에 빠지고 나면 모든 일에 과민반응하게 되고, 주변 사람들 역시 자신을 의심한다고 여겨 대인관계에도 나쁜 영향을 가져온다. 뿐만 아니라, 스스로를 긴장과 초조 상태로 몰고 가기도 한다.

혜안이 부족한 사람들은 눈앞의 사사로운 이익에만 급급해하는 경향이 짙다. 나뭇잎 하나가 눈을 가려 태산을 보지 못하는 것이다. 그들의 시야는 눈앞에만 고착되어 있다.

'머리가 아프면 머리를 치료하고, 발이 아프면 발을 치료한다'는 말처럼 문제가 생긴 곳만 해결하고, 문제의 근본적인 해결책은 생각해내지 못한다. 오로지 눈앞의 상황에서 벗어나려고 애쓰느라 장래의 이익은 생각할 겨를이 없다. 순간의 즐거움만 추구한 나머지, 장기적인 사고를 하지 못한다. 결국 얻는 것보다 잃는 것이 훨씬 많다.

사람은 누구나 욕망을 가지고 있다. 바다는 메워도 사람의 욕심은 메우지 못한다는 말처럼, 돈에 대한 인간의 욕망은 끝이 없다. 물론 돈은 우리가 살아가는 데 있어 없어서는 안 될 소중한 도구이지만, 기본적인 생활을 유지할 정도의 돈이 있다면 너무 돈만 외쳐서는 안 된다.

'욕심을 내면 결국 체한다'는 말이 있듯이, 돈에 대한 욕망도 자제할 줄 알아야 한다. 물불 가리지 않고 돈만 좇다 보면 통제 불능 상태가 되고, 탐욕 때문에 돌이킬 수 없는 화를 자초할 것이다.

철학자 에리히 프롬은 "탐욕은 사람에게 엄청난 고통을 주는 지옥이다"라고 말했다. 그런데 많은 사람들이 오로지 자신의 욕망을 충족시킬 생각만 하지, 그것 때문에 자신이 얼마나 후회할 것인가는 생각하지 않는다.

고집은 선입견을 가진 사람이 융통성마저 없을 때 나타나는 심리 현상이다. 사람은 자신의 가치관에 따라 사물을 인지하고 그 가치를 판단한다. 그러므로 대부분의 사람들은 주관성이 강하다.
상황이나 사물에 대해 잘못된 인식을 하고도 다른 사람의 의견을 받아들이지 않고, 자신의 생각을 고치려고 하지도 않는다. 그것만으로도 모자라 똑같은 잘못을 계속 반복한다.
고집은 자신의 의견이나 입장을 고수하는 것과는 다르다. 사실 고집을 꺾고 마음의 빗장을 여는 것은 그리 어려운 일이 아니다. 잘못된 생각을 그때그때 고치고 새로운 것을 기꺼이 받아들인다면, 고집이라는 마음의 빗장은 자연스럽게 열릴 것이다.

일생 동안 꼭 피해야 할 17가지

마음의 함정

* (주)산솔미디어는 씽크뱅크의 임프린트사입니다.

일생동안
꼭 피해야 할
17가지

마음의 함정

The trap of mind

사오유에 지음 | 이예원 옮김

산솔 SANSOL MEDIA 미디어

| 머리말 |

우리 곁에 늘 도사리고 있는 마음의 함정

인간은 이성적인 동물일까? 늘 완벽하게 이성을 유지할 수는 없지만 최대한 이성적으로 행동할 수는 있다. 그러나 세상을 살다 보면 내 이성이나 판단력이 부족하다는 것을 인정할 수밖에 없는 순간들이 있다. 우리는 이런 순간들을 꽤 자주 경험하게 된다. 바로 마음의 함정 때문이다.

친구들 몇 명이 모여 샤브샤브를 먹으러 갔다. 새우 완자를 좋아하는 친구가 새우 완자를 특별히 두 접시 주문했다. 그런데 샤브샤브를 거의 다 먹어가는데도 새우 완자 두 접시가 그대로 있었다.

한 친구가 그에게 물었다.

"새우 완자를 두 접시나 주문해놓고 왜 안 먹니?"

그러자 그가 대답했다.

"오늘은 속이 별로 안 좋아. 하지만 새우 완자가 너무 맛있어 보여서 너희들 먹으라고 주문했던 거야."

친구들은 아무 말도 못 하고 서로 얼굴만 마주 보았다.

여러분도 이런 일을 한두 번쯤 겪어봤을 것이다. 주관적인 억측 때문에 비이성적인 행동을 하는 경우 말이다. 이것도 일종의 마음의 함정이다. 마음의 함정은 우리의 일상생활에 늘 도사리고 있다.

나무꾼이 도끼를 잃어버렸다. 아마도 옆집 아들이 훔쳐간 것 같았다. 나무꾼은 옆집 아들의 일거수일투족을 관찰했다. 아닌 게 아니라 옆집 아들은 수상쩍게 보였고 여러모로 의심스러웠다. 나무꾼은 틀림없이 옆집 아들이 도끼를 훔쳐갔다고 확신을 굳혔다. 하지만 얼마 후 나무꾼은 계곡에서 도랑을 파다가 잃어버린 도끼를 발견했다. 그 후에 옆집 아들을 보니 도끼를 훔쳐갈 사람으로는 전혀 보이지 않았다. 『여씨춘추呂氏春秋』에 나오는 일화이다.

마음의 함정에 한번 빠지면 자기도 모르게 비이성적인 추측을 하게 된다. 거기서 빠져나온 뒤에야 '내가 왜 그랬지?' 하고 반문한다. 마음의 함정이 장난을 친 것이다. 사람은 누구나 성공을 원한다. 하

지만 성공을 막고 실패를 불러오는 원인이 자기 자신에게 있다는 것은 잘 알지 못한다. 자신이 마음의 함정에 빠져 비이성적인 생각과 행동을 한다는 것도 알지 못한다.

사회 초년생들은 스스로를 과대평가하는 마음의 함정에 빠지기 쉽다. 또 어쩌다 나쁜 일이 하나 생기면 최악의 상황을 상상하는데, 그러면 나쁜 생각들이 꼬리에 꼬리를 물고 일어나 쉽게 비관론에 빠지게 된다. 이것 역시 우리가 자주 접하는 마음의 함정이다.

마음의 함정은 정신건강에 좋지 않은 영향을 줄 뿐 아니라 신체건강에도 영향을 미친다. 스스로를 파멸의 소용돌이로 몰고 가 심각한 결과를 초래하기도 한다. 마음의 함정을 피하는 가장 좋은 방법은 늘 경각심을 갖고 옳은 선택을 하도록 노력하는 것이다.

이미 마음의 함정에 빠졌을 때는 우선 자신이 마음의 함정에 빠졌음을 즉시 깨달아야 한다. 그러기 위해서는 평소 자신의 행동을 자주 반성하고, 감정을 조절하고, 마음속의 나쁜 생각들을 몰아내야

한다. 이것이 마음의 함정을 피하는 비결이다. 워런 버핏은 "함정에 빠졌다는 것을 알았을 때 당신이 할 수 있는 최상의 선택은 더 깊이 빠지지 않는 것"이라고 말했다.

마음이 초조하고 불안해진다면 충분한 시간을 갖고 스스로를 돌아보자. 막연한 환상에 사로잡힌다면 눈을 크게 뜨고 앞에 놓인 현실을 직시하자. 짜증 나는 일이 생기거나 우울해진다면 친한 친구를 만나 하소연을 해보는 것도 좋다. 그 친구가 당신을 늪에서 꺼내줄 것이다. 이 모든 것이 마음의 함정을 피하는 좋은 방법들이라는 사실을 명심하자.

차 례
CONTENTS

Chapter 05 → 의심

Chapter 06 → 폐쇄적인 태도와 한계 설정

Chapter 07 → 극단적인 생각과 충동

Chapter 08 → 근시안적 사고

Chapter 09 → 탐욕과 허영

Chapter 10 → 무원칙과 맹종

Chapter 11 → 고집

Chapter 12 → 지키지 못할 약속

Chapter 13 → 경박하게 떠벌리기

Chapter 14 → 요행심

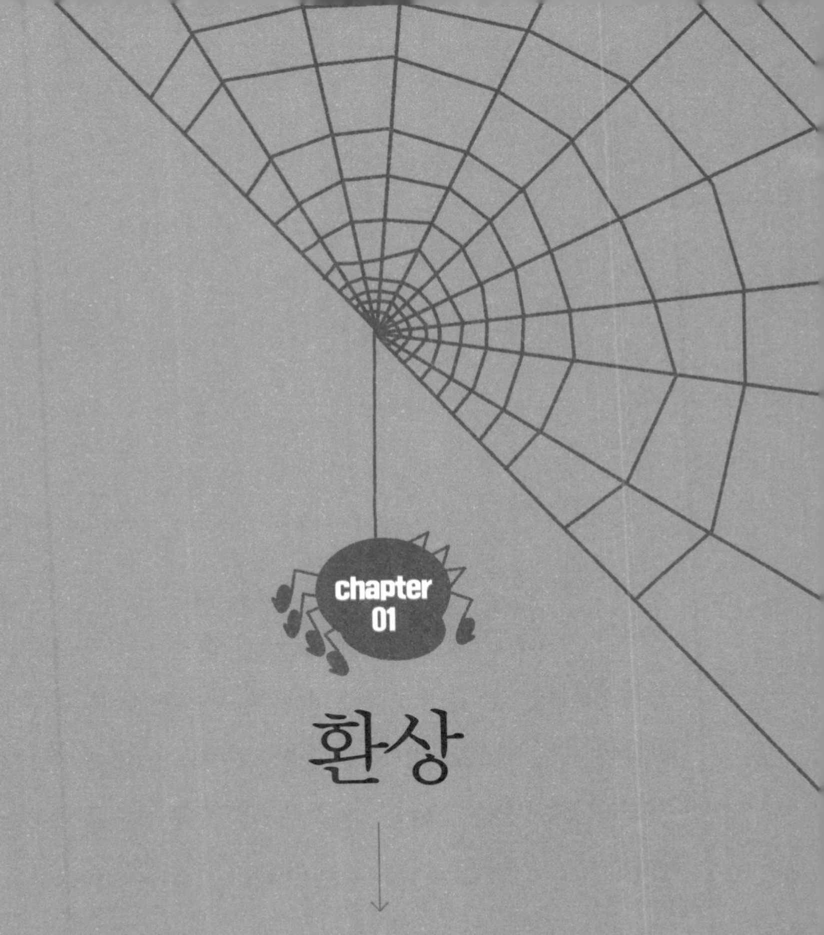

chapter 01 환상

해결하기 힘든 문제에 부딪혔을 때 어떤 사람들은 현실에서 도피하고 싶은 생각에 사로잡혀 비현실적인 방법을 통해 문제에서 벗어나려고 한다. 그러나 이런 방법을 추구하면 환상병에 걸리기 쉽다.

환상은 아름답지만, 때로는 잔인하다. 성공하고 싶다면 환상을 버리고 현실적으로 행동해야 한다. 현실을 제대로 인식하지 못하면 문제를 해결할 수 없고, 발전도 할 수 없다.

말만 앞서는 사람

어떤 사람들은 종종 모순된 행동을 한다. 마음속으로는 성공을 간절히 원하면서도 성공을 가로막는 행동을 한다. 이런 모순으로 인해 성공에 대한 환상만 가질 뿐 정작 성공하기 위해 필요한 일들을 실천하지 못한다. 왜 그런 걸까? 무의식중에 실패를 두려워하고 성공에 대한 공포심을 느끼기 때문이다.

어느 군인이 전쟁에서 큰 공을 세워 국민영웅이 되었다. 그런데 얼마 후 한 신문에 그 영웅을 깎아내리는 기사가 실려 전국이 벌집처럼 들끓었다. '국민영웅 소송'의 서막이었다. 그 기사를 쓴 기자는 자신이 대단한 존재라는 자부심을 갖고 있었다. 그는 어릴 때부터 성격이 반항적이었고, 다리를 떠는 습관으로 주변 사람들을 불편하게 하곤 했다. "이 세상에 단 한 명의 사상가가 있다면 바로 나다"라고 호언장담했으며, 세상에서 일어나는 사건들을 눈여겨보면서 모든 사람들을 깜짝 놀라게 할 기회를 호시탐탐 엿보고 있었다. 그는 위대한 인물들을 롤 모델로 삼고 스스로 위대한 인물이 되고자 노력했다. 그러나 위대한 인물들의 정신세계는 조금도 이해하지 못한 채 그들의 기행이나 말투, 괴팍한 언행만 따라 했다.

이 소송을 통해 그는 간절히 바라던 유명세를 얻었다. 세상 사람들의 이목도 확실하게 끌었다. 한 친구가 "자네가 제기한 소송은 역사에 길이 남을 획기적인 소송이야"라고 말했을 때, 그는 정말 기분이 좋았다. 그는 사람들을 만날 때마다 그 소송에 대해 이야기했고, 자신이 언론의 집단 공격을 어떻게 막아냈는지 설명했다. 하지만 그는 소송에서 졌다. 그러자 그 소송 결과를 절대로 받아들일 수 없다며 떠벌리고 다녔다. 판결이 나온 뒤에도 환상을 버리지 못했다. 그는 자신의 이력과 자신이 쓴 글들을 인쇄해 곳곳에 뿌리고 다니며 언젠가는 반드시 성공할 거라고 믿어 의심치 않았다.

엎친 데 덮친 격으로 업무 지시에 불만을 품고 상사와 크게 싸운 뒤 신문사도 그만뒀다. 사실 그는 자신이 처한 평범한 현실과 그로 인한 심리적 불안을 견디지 못했던 것이다. 그는 '원대한 포부'를 갖고 있었지만, 직장을 다시 구하기란 쉽지 않았다. 그래서 오랫동안 실직자로 지냈다. 그렇게 시간이 흘러 기본적인 생활조차 해결할 수 없게 되자, 집에 있는 책들을 가지고 나가 거리에서 팔기 시작했다. 그런 생활을 하면서 점차로 환상을 버렸으며, 자기 자신을 제대로 보기 시작했다. 어려운 삶을 통해 많은 것을 깨달았고, 마음의 함정에서 서서히 빠져나왔다. 마침내 그는 자신이 평범한 사람이라는 것을 받아들였고, 더 이상 가식과 거짓으로 일관하지 않았다.

우리 주변에는 스스로를 지나치게 이상화하는 사람들이 종종 있다. 그 사람들은 자신의 현실을 그대로 받아들이고 싶지 않아서 그런 행동을 하는 것이다. 이상화가 너무 지나치면 자신의 진짜 모습을 인정할 수 없게 되고, 그로 인해 초조함과 불안을 느끼게 된다. 이런 모순과 갈등 때문에 자기 능력을 제대로 파악하지 못하고, 말만 앞서는 못난이가 된다. 그러나 비현실적인 환상에서 벗어나 매사에 열정을 가지고 적극적으로 임한다면 성공적인 삶을 살아갈 수 있다.

꿈만 꾸지 말고 **행동**으로 옮겨라

정신분석학자 프로이트는 공상을 '백일몽'이라 했다. 사람이 채워지지 않는 욕망 때문에 현실에 만족하지 못하면 여러 가지 환상을 통해 허구 속에서 심리적 균형을 찾게 되는데, 그것이 바로 백일몽이라는 것이다. 백일몽은 심리적 균형에 도움이 될지는 몰라도 실제로 성공을 일궈내는 데는 전혀 도움이 되지 않는다. 행동하지 않고 상상만 해서는 성공할 수 없다. 행동 없는 상상은 '거울에 비친 꽃' '물에 비친 달'일 뿐이다.

어느 여름날, 한 청년이 유명한 작가 에머슨을 찾아갔다. 청년은 자신이 시詩를 매우 좋아한다며 이렇게 말했다.

"저는 일곱 살 때부터 시를 썼지만, 시골에 살았기 때문에 훌륭한 선생님의 지도를 받지 못했고 재능을 키울 수도 없었습니다. 저는 문학계의 거장이신 선생님을 늘 동경하고 존경해왔습니다. 그래서 선생님을 꼭 한번 뵙고 싶어 이렇게 찾아왔습니다."

청년은 시골 사람이었지만 촌스럽지 않았고 기품도 있어 보였다.

에머슨은 청년과 이야기를 나누면서 이 청년이 꽤 괜찮은 사람이라고 생각했다. 떠나기 전에 청년은 자신이 쓴 시 몇 편을 에머슨에게 건넸다. 에머슨은 그 시를 읽었고, 이 청년이 대단한 잠재력을 갖고 있으며 어쩌면 문학사에 이름을 남기게 될지도 모른다고 생각했다. 그래서 최선을 다해 그 청년을 도와주었다. 청년이 문학잡지에 시 몇 편을 발표하도록 추천도 해주었다. 그러나 청년의 시에 대한 반응이 그다지 좋지는 않았다. 에머슨은 청년을 계속 도와주고 싶었고, 청년이 계속 원고를 보내주기를 바랐다. 두 사람은 편지를 주고받기 시작했다.

청년 시인은 에머슨에게 보내는 편지 속에서 문학과 관련된 여러 문제를 민첩하고 대담하게 논하곤 했다. 에머슨은 청년의 그런 재능과 열정을 기쁘게 여겼고, 지인들에게 이 청년에 대해 자주 언급했다. 청년은 차츰 문단에 이름을 알려갔다. 하지만 얼마 지나지 않아 청년이 보내오는 시와 원고가 줄어들기 시작했다. 편지 내용도 이상한 논리와 생각들로 변해갔다. 에머슨은 청년의 신변에 무슨 일이 생겼음을 직감했다. 두 사람의 편지 왕래는 계속 이어졌지만, 이제 편지 속에서 토론은 이루어지지 않았다. 어느 순간부터 청년이 일방적으로 말하고 에머슨은 그저 듣기만 했다.

하루는 에머슨이 이 청년 시인을 문인들의 모임에 초대했다. 청년 시인은 뛸 듯이 기뻐하며 드디어 소원을 이뤘다고 생각했다. 모임 전에 에머슨이 청년에게 물었다.

"요즘엔 왜 원고를 안 보내나?"

청년 시인은 공손하게 대답했다.

"아, 제가 지금 장편 서사시를 집필하고 있습니다."

"자네는 서정시를 잘 쓰는데, 그러면 서정시는 중단한 건가?"

"위대한 시인이라면 모름지기 장편 서사시를 써야 합니다. 서정시 같은 사소한 습작들은 의미가 없어요."

청년 시인이 대답했다.

"그러면 예전에 쓴 시들은 아무것도 아니라고 생각하나?"

"그렇습니다, 선생님. 저는 대작을 쓰고 싶습니다. 그래야 위대한 시인이 될 수 있으니까요."

"자네 생각이 옳을지도 모르지. 자네는 재능이 많은 사람이네. 자네의 대작을 하루빨리 보고 싶구먼."

에머슨이 말했다.

그러자 청년 시인이 결의에 찬 얼굴로 대답했다.

"감사합니다, 선생님. 이제 거의 완성되어 갑니다. 완성되면 바로 발표할 겁니다."

청년은 많은 사람들 앞에서 자신을 홍보했다. 만나는 모든 사람에게 앞으로 자신이 발표할 위대한 작품에 대해 이야기했다. 청산유수 같은 그의 언변에 사람들은 솔깃해하며 귀를 기울였다. 청년의 작품을 별로 읽어보지는 못했지만 이 청년이 장차 큰 인물이 될 거라고 생각했다.

시간이 꽤 흘렀다. 하지만 청년 시인의 대작은 아직도 완성되지 않았다. 청년은 여전히 에머슨에게 편지를 썼지만, 자신의 대작에 대해서는 언급하지 않았다. 편지 길이도 점점 줄어들고 내용도 우울해졌다. 그러던 어느 날, 마침내 청년이 자신의 사정을 에머슨에게 고백했다.

"저는 오랫동안 위대한 작가가 되기만을 꿈꿔 왔습니다. 그러다 운이 좋아서 선생님께 칭찬을 받았고, 개인적으로 정말 영광이었지요. 하지만 제 고민은 그때부터 시작되었습니다. 더 이상 글을 쓸 수가 없었습니다. 원고지 앞에 앉으면 내가 이미 위대한 시인이 된 것 같았고, 그러니 반드시 대작을 써야 한다는 강박관념에 시달렸습니다. 그런 강박관념에 시달릴수록 더욱 글을 쓸 수가 없었습니다. 선생님, 철없는 이 촌놈을 용서해주십시오."

그날 이후 청년 시인은 에머슨에게 편지를 보내오지 않았다.

오로지 행동만이 우리를 변화시키고, 구원하고, 우리의 능력을 보여준다. 생각만 하고 말만 하는 것은 다 가짜다. 꿈만 꾸고 앉아 있느니, 작은 것이라도 행동에 옮기는 편이 훨씬 낫다. 위대한 사람들도 모두 작은 일부터 차근차근 실천했다. 꿈을 행동으로 옮겼을 때 비로소 모든 것이 변하기 시작한다.

분수에 맞지 않는 **꿈**은 꾸지 마라

우리는 자신의 능력을 넘어서는 것을 가지려고 하는 경우가 많다. 사람이 바라는 것이 너무 없어도 안 되겠지만, 지나치게 허황된 것을 바라는 것도 좋지 않다. 지나친 바람은 실망만 안겨주기 때문이다. 많은 사람들이 평범한 삶을 뛰어넘어 멋있게 살고 싶다는 소망을 품는다. 때때로 자기 자신을 지나치게 높이 평가하고 다른 사람을 무시하기도 한다. 하지만 분수에 맞지 않게 너무 높은 곳만 보고 달려가면 아무것도 손에 쥘 수 없다.

한 남자가 있었다. 그는 돈을 많이 벌어 가족과 함께 여유로운 삶을 누리기를 바랐다. 특히 자신의 능력을 세상 사람들에게 여봐란 듯이 보여주고 싶었다. 하지만 사업을 하는 과정에서 여러 차례 실패를 맛보았다.

그는 『과학으로 부자 되다』라는 책에서 뉴트리아(설치목 뉴트리아과의 포유류. 늪너구리라고도 부른다)에 관해 읽고 뉴트리아를 기르기 시작했다. 그 무렵 뉴트리아 사육 붐이 전국적으로 일기 시작했고,

그는 떼돈을 벌 기회를 잡았다고 여겼다. 반년 넘게 뉴트리아를 기른 후, 새끼 뉴트리아들이 젖을 떼자 양식장에 내다 팔 준비를 했다. 그는 기대에 부풀어 뉴트리아 양식장에 도착했지만 그곳은 텅 비어 있었다. 그의 꿈이 아무런 대책도 없이 산산조각 나버린 것이다. 뉴트리아 사육 경험을 통해 그는 '돈만 좇아 사업을 하면 성공할 수 없다'는 이치를 깨달았다.

뉴트리아 사업이 실패로 돌아간 후, 그는 다른 사업을 하려고 사방으로 알아보았다. 정보를 수집하고, 전망 좋은 사업이 무엇인지 조사, 분석했다. 그러던 중 어느 약재 연구소에서 보내온 작은 책자에서 '천마, 대추, 홍화, 우슬 재배'에 관한 정보를 얻었다. 그는 지난번 뉴트리아 사육에서 얻은 뼈아픈 교훈을 거울삼아 사업 전망을 신중하게 검토했고, 약재 판매 사업이 괜찮을 것 같다는 결론을 내렸다. 그래서 천마, 대추, 홍화를 시험 삼아 재배해보았지만 결과는 생각과 달랐다. '지나치게 욕심을 부리면 하지 않느니만 못하다'고 생각한 그는 우슬 재배에만 정성을 쏟았다.

책에서 알려준 방법대로 우슬 종자를 심고 기다렸다. 하지만 싹이 틀 시기가 되었는데도 싹이 트질 않았다. 약재 연구소에 전화를 걸어 물어보자, 싹이 며칠 늦게 트는 경우도 있으니 물을 자주 주고 기다려보라고 했다. 하지만 며칠 뒤에도 싹이 트지 않았다. 다른 밭의 작물들은 잘 자라는데, 그의 밭만 썰렁했다. 화가 나서 약재 연구소에 다시 전화를 걸었지만 없는 번호라는 안내 음성만 흘러나왔다. 그제야 사기를 당했음을 깨달았다. 하지만 돈을 많이 벌 수 있는 사업이라는 말만 듣고 적극 나선 것은 그 자신이 아니었던가? 머릿속에 높은 이상만 가득했던 탓에 그럴듯한 말에 홀려 사기를 당한 것이다.

고통스러운 경험을 두 번이나 한 뒤, 그는 창업의 뜻을 접고 회사에 들어가 3년간 열심히 일했다. 직장생활을 열심히 해서 새로운 비전을 모색해보려 했다. 그러나 회사의 대우가 좋지 않아 다시 친구와 함께 창업을 하게 되었다. 이번에는 사업 아이템을 신중하게 골랐다. 여기저기에 전화를 걸어 자문했고, 시장 조사도 꼼꼼히 했다. 조사를 하면서 그는 중요한 사실을 깨달았다. 돈이란 결코 쉽게 벌 수 있는 것이 아니라는 사실이었다. 이제 그는 떼돈을 벌 수 있는 아이템을 찾지 않고, 자기가 잘할 수 있는 아이템을 찾았다. 그는 작은 사무실 한 칸을 빌려 사무용품 회사를 차렸다. 열심히 일한 덕분에 사업은 순탄하게 굴러갔고, 이듬해에는 사업 규모를 확장할 수 있었다.

분수에 맞지 않게 큰 꿈만 꾸는 사람은 눈앞의 작은 기회를 알아보지 못한다. 평생 비현실적인 꿈만 꾸다가 기회를 잃게 되는 것이다. 좀 더 현실적인 안목을 갖고 가까이에 있는 기회를 잘 포착한다면 당신의 꿈과 이상은 결코 물거품이 되지 않을 것이다.

비현실적인 태도는 스스로를 **몰락**하게 만든다

모든 일에는 현실적인 견해와 판단이 꼭 필요하다. 객관적 사실에 부합하고 사회의 규율을 지키는 것은 세상을 살아가는 데 매우 중요한 법칙이다. 이치를 거스르고 규율에 어긋나는 행동을 하면 실패만 돌아올 뿐이다. 만일 당신이 비현실적인 충동과 망상에 젖어 있다면 생각을 고쳐먹고 빨리 태도를 바꿔야 한다!

위나라 왕이 하늘과 땅 사이의 중간 높이까지 다다르는 누각을 지으려고 했다. 왕은 그 상상의 누각에 '중천대中天臺'라는 이름을 붙였다. 대신들은 왕의 결심을 알아차리고 깜짝 놀라 왕이 생각을 바꾸도록 설득했다. 그러나 누각 생각이 머릿속에 가득 찬 왕은 자신의 위대한 계획을 지지하지 않는 대신들에게 화가 나서 '내 결정에 반대하는 사람은 누구든 참수형에 처하겠다'고 엄포를 놓았다.

허관이라는 사람이 이 소식을 들었다. 그는 등에 광주리를 메고 삽을 든 채 궁으로 와서 왕을 알현하고 싶다고 청했다. 허관이 왕에게 말했다.

"대왕께서 중천대를 축조하실 계획이라고 들었습니다. 그래서 도움을 드리고자 이렇게 찾아왔습니다."

왕은 그의 말을 듣고 기분이 뛸 듯이 좋았다. 직접 찾아와서 돕겠다고 말한 사람은 허관이 처음이었던 것이다. 왕은 허관에게 관심을 보이며 큰 소리로 물었다.

"너의 어떤 능력으로 나를 돕겠다는 것이냐?"

허관이 대답했다.

"소인은 특별한 능력은 없습니다. 하지만 대왕께서 중천대를 축조하시도록 도울 수는 있습니다."

왕은 그 말에 연신 기뻐하며 말했다.

"오호, 그래? 어디, 너의 생각이 무엇인지 말해보거라."

허관은 차분한 어조로 왕에게 설명했다.

"중천대를 축조하시려면 먼저 대규모 전쟁을 일으키셔야 합니다."

왕은 허관의 말에 당황해 그게 무슨 뜻이냐고 되물었다. 그러자 허관은 진지하게 설명했다.

"제가 연구한 바를 대왕께 말씀드리겠습니다. 제가 알기로 하늘과 땅 사이의 거리는 1만 5천 리이고, 중천대의 높이는 그 절반인 7천5백 리입니다. 7천5백 리 높이의 누각을 지으려면 최소한 반경 8천 리는 확보되어야 합니다. 그런데 위나라의 국토는 그렇게 넓지 못합니다. 그러니 중천대를 축조하시려면 먼저 군사를 동원해 인근 제후국들을 공격하여 그들의 토지를 점령해야 합니다. 또한 중천대를 축조하려면 자재, 인력, 식량도 엄청나게 많이 필요할 것입니다.

반경 8천 리 밖의 토지까지 끌어들여야 필요한 식량을 조달할 수 있을 것입니다. 이 모든 준비가 끝나야 중천대를 축조할 수 있습니다. 그러니 일단 대규모 전쟁부터 일으키셔야 하는 것입니다."

허관의 말을 들은 위나라 왕은 잠시 멍해져서 한 마디도 하지 못했다. 결국 그는 중천대를 세우려는 생각을 접었다.

객관적 사실에 근거하지 않은 허황된 계획만으로는 목표를 달성할 수 없다. 행동에 옮기기 전에 계획의 현실성을 곰곰이 따져보고 구체적으로 구상해봐야 한다. 계획을 실천하고 목표를 실현하는 과정에서도 객관적인 원칙과 사회의 규율을 따라야 한다. 모든 요소들이 현실적으로 맞아떨어져야 계획이 수포로 돌아가지 않는다.

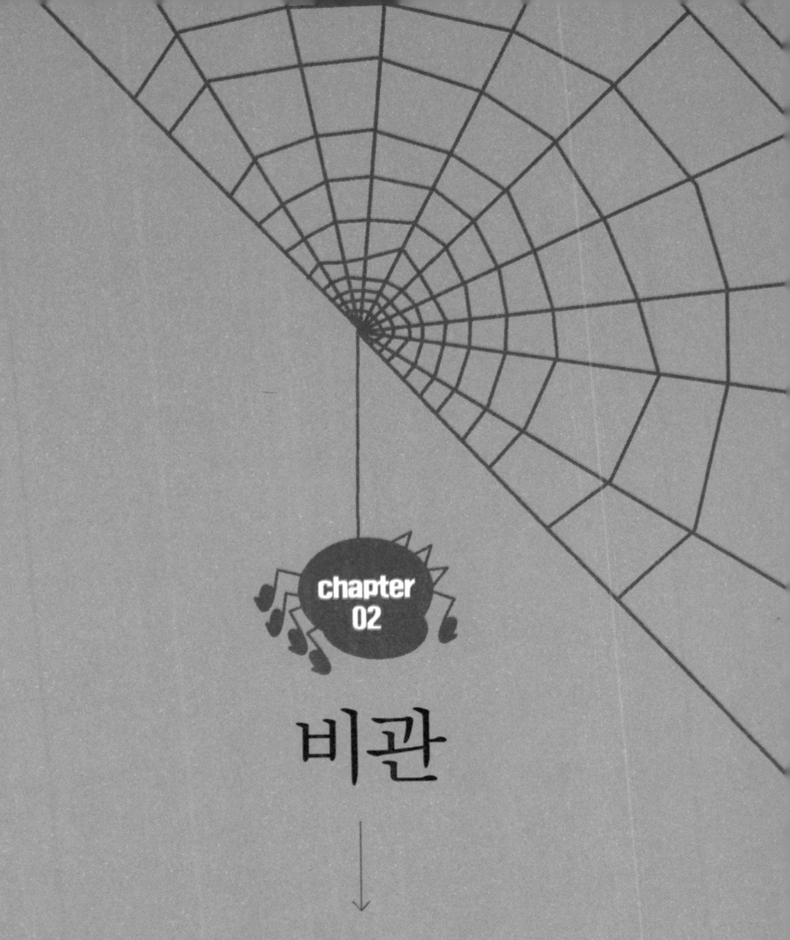

비관

비관적인 사람들은 짐짓 부와 명예에 관심이 없는 것처럼 행동한다. 그들은 늘 공허함을 느끼며, 매사에 비관적이고 소극적이다. 적극적으로 행동하지 않으며, 능력이 뛰어난데도 평생 이룬 것이 하나도 없다. 비관적인 태도와 긍정적인 태도는 생각의 차이에 기인한다.

치열한 경쟁사회를 살아가다 보면 우울해질 때도 있고 무력감을 느낄 때도 있다. 하지만 성공하고 싶고 행복해지고 싶다면 반드시 긍정적인 태도를 가져야 한다. 스스로에게 희망을 불어넣고, 내가 나의 진정한 주인이라는 사실을 항상 명심해야 한다.

비관적인 사람은 **숨을 곳**만 찾는다

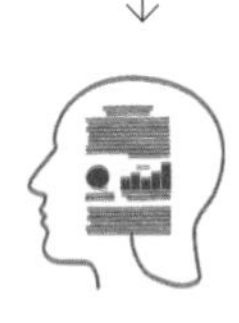

비관적인 태도는 사람을 위축시킨다. 그래서 비관적인 태도를 가진 사람은 작은 스트레스도 견디지 못하고 달아나려고만 한다.

이 부장은 2개월 동안 판매부 부장으로 일했다. 그런데 얼마 전 한 고객이 횡령을 했다며 그의 부하 직원을 고발했다. 조사 결과 고객의 말이 사실임이 확인되었다. 영수증에는 상사인 이 부장의 사인까지 있었다. 사장은 몹시 화가 나 이 부장을 불러 호통을 쳤다.

"자네가 어떻게 부장 자리까지 올라갔는지 모르겠군. 부하 직원이 고객의 돈을 빼돌려 사리사욕을 채우는 동안 책임자인 자네는 대체 뭘 했나?"

이 부장은 자기 입장을 변호하기에 급급했다.

"사장님, 이번 일은 제 잘못이 아닙니다. 그 직원은 원칙과 절차에 따라 제 비서에게 영수증을 제출했고, 저는 비서가 올린 영수증에 사인만 했을 뿐입니다. 비서와 관련된 업무에서 무엇이 문제였는지 논의하고, 제 비서와 저를 함께 처벌해줄 것을 회사에 요청하도록 하겠습니다."

이 부장의 말을 들은 사장은 그의 무책임한 태도에 화가 나서 소리쳤다.

"비서를 처벌한다고 회사의 손실을 만회할 수 있다고 생각하나? 이번 일의 책임은 누구보다 자네한테 있네!"

그러나 이 부장은 계속 변명으로 일관했다.

"사장님, 제가 판매부를 맡은 지 얼마 되지 않았고, 또한 판매부의 업무에 애로사항이 많다는 것을 알아주십시오. 제 비서는 능력 있는 직원입니다. 하지만 저와 업무를 조율하는 데 조금 문제가 있었습니다. 제가 업무 파악이 제대로 되지 않아 비서의 의견에 따라 수동적으로 사인을 한 것도 사실이고요. 판매부의 업무에는 이제 어느 정도 적응이 되었습니다. 앞으로는 이런 일이 일어나지 않도록 최선을 다하겠습니다. 한 번만 더 기회를 주십시오."

그러자 사장이 실망스러운 목소리로 말했다.

"나는 이번 사건의 원인이 무엇인지 알고 싶어서 자네를 부른 거지, 자네를 책망하려는 의도는 아니었네. 하지만 자네의 말을 듣고 보니 자네의 능력을 재고해봐야 할 것 같군."

이 부장처럼 회사에 중대한 문제를 일으켜놓고도 대단한 일이 아니라는 듯 문제 자체를 부정하는 사람들이 있다. 일에 대한 열정은 크지만, 상사나 다른 사람들이 자신의 의견을 인정하지 않을 경우에는 의기소침해지고 소극적이 되는 사람들도 있다. 처음에는 열정을 불태우지만, 난관에 부딪히게 되면 곧바로 좌절하고 포기하는 것이다. 이런 포기와 도피는 일시적인 처방일 뿐 문제를 해결해주지 못한다. 게다가 이런 태도가 몸에 배면 악순환이 반복되면서 고난과 역경을 더욱 두려워하게 된다. 정말로 문제를 해결하고 싶다면 소극적인 태도를 버리고 문제의 원인을 직시해야 한다.

자신감을 가지고 **나쁜 생각**을 떨쳐버려라

현재 당신이 어떤 상황에 처해 있든, 희망을 가지면 아름다운 인생을 살 수 있다. 부정적인 생각은 떨쳐버리고, 긍정적인 사고로 미래를 개척하라. 미래는 당신의 생각과 계획에 달려 있다.

낸시는 삶에 대한 의욕을 상실했다. 체중이 20kg이나 늘었고 매일 12시간씩 잠을 잤다. 원래 그녀는 신발 가게에서 일했다. 일이 적성에 맞았고 판매 실적도 좋았지만 가족들의 끈질긴 권유로 신발 가게 일을 그만두고 교사가 되었다. 교사로 재직하면서 낸시는 이상하게 삶의 즐거움을 잃어버렸다. 하루하루가 우울했고, 우울한 마음을 떨쳐내려고 닥치는 대로 먹어댔다. 그래서 체중이 불었던 것이다. 불어난 체중 때문에 몸 상태가 매우 심각하다는 의사의 진단을 듣자 마음이 더욱 괴로웠다.

비관적인 생각이 머릿속에 가득 차 있던 어느 날, 라디오에서 광고가 흘러나왔다. 헬스클럽 광고였다. 이상하게도 호기심이 발동했다. 낸시는 자기도 모르게 그 헬스클럽으로 달려갔다. 헬스클럽 관계자와 회원들은 생기발랄하고 활력이 넘쳐 보였다. 말투나 행동만 봐도 그들이 얼마나 즐거운지를 알 수 있었다. 낸시는 헬스클럽에 등록했고, 트레이너에게 훈련을 받기로 결심했다. 그렇게 한동안 시간이 흐르자, 낸시의 마음에 큰 변화가 일기 시작했다. 낸시는 헬스클럽 홍보 일을 하기로 했다. 그러면 좀 더 의미 있는 삶을 살 수 있을 것 같았다.

헬스클럽 홍보 일을 통해 낸시는 예전의 즐거움을 되찾았고, 마음도 한결 편안해졌다. 하지만 기분이 좋다가도 다시 나빠지는 등, 정서적으로는 여전히 불안정했다. 상사가 긍정적인 마인드를 갖는 데 도움이 된다는 카세트테이프를 건네며 매일 들으라고 권했다. 그러자 놀라운 변화가 일어났다. 홍보 실적이 날로 향상되고 그녀의 삶도 크게 달라진 것이다. 낸시는 자신감을 되찾았고 비관적인 마음도 서서히 줄어들었다.

낸시는 내친 김에 광고 마케팅 분야에서 성공하고 싶었다. 그녀가 일하고 싶어 하는 방송국에서는 직원을 뽑지 않았지만, 그녀는 방송국 사장을 자주 찾아가 일하고 싶다고 청했다. 결국 사장은 그녀의 의지에 감동해 면접 기회를 주었고, 면접관들도 그녀의 열정에 감동해 그녀를 고용하기로 결정했다. 방송국에서 일하게 된 낸시는 탁월한 실적을 올렸다. 홍보 담당자들이 한 수 배우기 위해 그녀를 찾아올 정도였다. 얼마 후, 마케팅 팀장이 회사를 그만두자, 모두들 낸시를 새 팀장으로 추천했다. 적극적인 노력과 강한 믿음 덕분에 낸시는 유명한 홍보 전문가 겸 강사가 되었고, 나중에는 '낸시 마케팅 & 인센티브'라는 이름으로 회사까지 설립했다.

비관적인 정서는 당신의 미래에 그림자를 드리운다. 행복한 미래를 얻고 싶다면 강력한 믿음을 갖고 긍정적인 자세로 정면승부하자!

비관적인 성격이 우울한 인생을 만든다

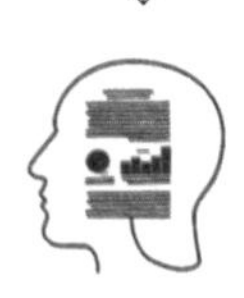

사람의 마음이 늘 잔잔할 수는 없다. 즐거울 때도 있고, 괴로울 때도 있고, 의기소침해질 때도 있다. 긍정적인 마인드를 가진 사람은 괴로운 일을 당해도 우울한 기분을 빨리 떨쳐낸다. 하지만 부정적이고 비관적인 마인드를 가진 사람은 그러지 못한다. 끊임없이 한숨을 쉬고, 의기소침해하고, 왜 하필이면 나에게 이런 일이 생겼느냐며 세상을 원망하기도 한다. 우울한 기분을 쉽사리 떨쳐내지 못해 주변 사람들까지 우울하게 만든다.

엘리자베스는 대학생이다. 그녀의 지도교수는 지난 3년간 많은 관심을 쏟으며 그녀를 도와주었다. 그녀는 성적이 좋았고 장학금도 받았다. 그런데 그녀의 관심 분야가 바뀌기 시작했다. 처음에는 찰스 디킨스에 관심이 있었지만 점차 제인 오스틴으로 관심이 옮겨갔다. 문제는 그녀의 지도교수는 디킨스 전문이고, 제인 오스틴 전문은 다른 교수라는 사실이었다. 지도교수를 찾아가 상의하자, 지도교수는 계속 디킨스를 연구하라고 그녀를 설득했다. 하지만 엘리자베스는 결심을 바꾸지 않았고, 지도교수도 하는 수 없이 그녀의 결정을 받아들여 다른 교수와 함께 그녀를 지도하기로 했다. 엘리자베스는 무척 기뻤다. 자신이 두 명의 교수에게 지도를 받는 행운아라고 생각했다.

하지만 그녀가 논문심사를 받기 3일 전, 그 지도교수는 심사위원들에게 엘리자베스가 다른 사람의 논문을 베낀 것 같다는 쪽지를 보냈다. 엘리자베스가 제인 오스틴의 어린 시절에 관해 두 단락의 문장을 인용했는데, 그 출처가 불분명하다는 것이었다. 지도교수는 엘리자베스가 다른 사람의 생각을 자기 생각인 양 언급한 것은 명백한 표절 행위라고 주장했다. 표절이 사실로 판명되면 대학원 장학금이 취소될 것이고, 학부 졸업조차 하지 못하게 될지도 몰랐다.

엘리자베스는 어떻게 해야 좋을지를 몰라 당황했다. 지도교수가 지적한 두 단락의 문장을 꼼꼼히 읽어보니, 예전에 그 지도교수와 이야기하던 중에 나왔던 견해였다. 하지만 지도교수는 그 견해를 이야기할 때 어느 책에 나온 말인지 언급하지 않았고, 그래서 엘리자베스는 교수 자신의 견해인 것으로 오해했던 것이다. 그제야 지도교수가 고의로 그랬다는 것을 깨달았다. 알고 보니 그 교수는 예전에도 상습적으로 그런 일을 저지른 전력이 있었다.

주변 사람들은 교수의 행동에 분개했지만, 엘리자베스는 그 지도교수를 찾아가 정면 승부할 용기가 없었다. 그녀의 비관적인 성격 때문이었다. 그녀가 보기에 심사위원들은 그녀의 잘못이라고 판단할 게 뻔했다. 상대는 교수였고 권위가 하늘을 찔렀다. 그녀는 그 교수에게 대항해 이길 가능성이 전혀 없다고 생각했고, 반박할 엄두조차 내지 못했다. 결국 그녀는 학교를 떠났고, 전도유망했던 미래도 멀어져 갔다.

엘리자베스가 비관적인 태도를 취하지 않고 적극적으로 행동했다면 어떻게 되었을까? 정면으로 맞서서 자기 자신을 변호했다면 어떻게 되었을까? 그랬다면 그 교수가 전에도 비슷한 일을 저질러 다른 학교에서 해고당한 사실이 공개되었을 것이고, 그녀는 누명을 벗고 명예롭게 졸업했을지도 모른다. 하지만 엘리자베스는 너무 비관적이었다. 비관적인 마인드가 스스로를 해친 것이다. 권위 앞에서 너무나 두려웠고, 비관적인 생각들이 꼬리에 꼬리를 물고 일어났다.

한 번 실패했다고 계속 실패하란 법은 없다. 설령 실패하더라도 긍정적인 마인드로 실패의 경험을 돌아보고 원인을 찾아보아야 한다. 그러면 그 경험이 밑거름이 되어 성공에 한 발 더 다가갈 수 있을 것이다. 그러지 않고 비관적인 태도로 좌절만 하면 스스로 실패의 길을 찾아 미끄러지는 것이나 다름없다.

적극적인 사고로 더 나은 인생을!

성공하고 싶으면 끝없이 새로운 목표를 추구하고 부단히 노력해야 한다. 그러지 않고 현실에 안주하는 사람은 제자리에서 맴돌 뿐 더 이상 발전하지 못한다.

어느 날 오후, 노인 한 명이 햇볕 좋은 해변을 한가로이 산책하고 있었다. 노인은 아름다운 해변 풍경을 카메라에 담다가 해변에서 낮잠을 자던 어부를 건드려 깨우고 말았다.

노인은 "어이쿠, 미안합니다"라고 사과를 했고, 두 사람은 이내 이런저런 이야기를 나누기 시작했다.

노인이 말했다.

"오늘은 날씨가 정말 좋군요. 고기 잡기에도 참 좋을 것 같소. 그런데 당신은 왜 고기를 잡지 않고 여기서 낮잠을 자고 계신 거요?"

그러자 어부가 웃으며 대답했다.

"저는 하루에 딱 20킬로그램만 잡자고 마음먹었거든요. 평소에는 다섯 번 정도 그물을 던져야 20킬로그램을 잡는데, 오늘은 날씨가 좋아서 그물을 두 번만 던졌는데도 20킬로그램을 다 잡았지 뭡니까. 그래서 이렇게 여유를 부리고 있습니다."

"그렇다 하더라도 시간이 많이 있으니 더 잡으면 좋지 않겠소?"

그러자 어부는 이해가 안 된다는 표정으로 물었다.

"그래봐야 뭐가 좋은데요?"

노인이 허허 웃으며 대답했다.

"물고기를 많이 잡으면 앞으로 배 한 척쯤은 장만할 수 있지 않겠소?"

어부는 다시 이해가 안 된다는 말투로 물었다.

"그래봐야 뭐가 좋은데요?"

"그러면 사람을 고용해서 더 많은 고기를 잡을 수 있지 않소?"

어부는 곰곰이 생각하더니 다시 물었다.

"그래봐야 또 뭐가 좋은데요?"

"그러면 생선가공 공장을 지어 사업을 크게 할 수 있지 않겠소?"

"제가 사업을 해서 뭘 하겠습니까?"

"사업을 하고 싶지 않다니. 생각해봐요. 사업을 하면 이윤을 남겨 더 많은 배를 살 수 있고, 고기도 더 많이 잡을 수 있고, 가공한 고기를 전 세계에 팔 수 있지 않겠소?"

"그런 다음에는요?"

"그러면 돈이 많아질 테니 더 이상 어부 생활은 하지 않아도 되겠지요."

"그럼 그때는 뭘 하며 지내죠?"

노인은 웃으며 대답했다.

"그때는 편하게 해변에 누워 일광욕도 즐기고 낮잠도 자면 되지 않겠소?"

그 말을 듣자 어부는 관심 없다는 표정으로 고개를 저었다.

"글쎄요. 저는 지금도 이렇게 해변에 누워 일광욕을 즐기고 낮잠도 자지 않습니까?"

몇 년이 흘렀다. 사람들은 너나 할 것 없이 큰 배를 사서 더 많은 생선을 잡아들였다. 그러자 생선 가격이 떨어져 어부는 더 이상 고기잡이만으로는 생계를 유지할 수 없게 되었다. 어부는 늙고 허약한 몸으로 큰 배에 고용되어 힘겹게 고기잡이를 해야만 했다.

우리 주변에는 이 어부 같은 사람들이 꽤 많다. 진취적이지 못하고 현실에 안주하는 사람들 말이다. 사실 이런 사람들이 성공을 원하지 않는 것은 아니다. 뭔가를 이뤄내겠다는 끈질긴 집념 없이 그저 성공이 찾아오기만을 손 놓고 기다릴 뿐이다. 이런 소극적이고 비관적인 태도는 자기 발전에 전혀 도움이 되지 않는다. 선견지명과 자신감을 가지고 실천에 옮기는 사람만이 성공할 수 있다. 시대는 시시각각 변하고 있다. 과학기술도, 사회도 시시각각 변한다. 우리는 그 속에서 살아남고 발전해야 한다. 현실 안주라는 덫에서 빠져나와 자신을 재정비하지 못하면 지금 손에 쥐고 있는 것조차 놓쳐버리고 아름다운 미래도 잃게 될 것이다.

자아도취와 오만

자신감을 가지는 것은 두말할 것 없이 중요한 일이다. 하지만 자신감이 지나치면 '자아도취'로 변질될 수 있다. 많은 사람들이 목표를 이루고 성공하고 나면 자신도 모르게 자아도취에 빠져들어 초심을 잃어버린다. 매사에 무조건 자신만만해하고, 자기 자신을 슈퍼맨으로 여기기도 하며, 스스로를 과대평가하고, 주변 사람을 무시한다. 그러다가 경솔한 판단을 내려 실수하기도 하고, 결국 실패의 나락으로 떨어진다.

'사람에게 가장 귀중한 것은 자기 자신을 아는 명석함이다'라는 말이 있듯이, 우리는 자아도취에 빠지지 않도록 조심하고 자만하지 말아야 한다. 다른 사람의 충고를 받아들이고, 겸허한 마음으로 다른 사람에게 자문할 줄도 알아야 한다. 겸손은 자아도취를 막아주는 좋은 품성이며, 발전과 성공을 위한 필수조건이다. 매사에 자아도취의 함정을 피하고, 겸손한 자세를 늘 잃지 말아야 한다.

'말은 뼈대가 튼튼하면 값이 나가지만, 사람은 허세가 심하면 미움을 산다'는 말처럼, 자신을 지나치게 과대평가하거나 다른 사람들 앞에서 쉽사리 잘난 척을 해서는 안 된다. 오만한 사람은 흔히 우쭐거리고 득의양양해하는데, 이런 태도는 다른 사람들의 반감을 사게 되고, 결국 스스로를 곤경에 빠뜨리고 만다.

자신을 모르는 것과 **자아도취**는 종이 한 장 차이

'남을 아는 사람은 똑똑한 사람이고, 스스로를 아는 사람은 지혜로운 사람'이라는 말이 있다. 세상을 살면서 가장 중요한 것은 자기 자신을 직시하는 것이다.

사람은 누구나 다른 사람들에게 주목받고 싶어 한다. 하지만 겸손할 줄 아는 사람은 다른 사람의 주목을 받기 위해 지나친 행동을 하는 것을 삼가는 반면, 겸손할 줄 모르는 사람은 어떻게든 자신을 드러내고 싶어 하고 자신의 능력이나 재능을 남들이 알아주지 않을까봐 전전긍긍한다. 이런 사람들은 틈만 나면 다른 사람들에게 자신의 장점을 자랑한다. 이런 사람들은 사실 특출한 능력도 별로 없으면서 자아도취로 인해 스스로에 대해 큰 오해를 하고 있는 것이다. 다시 말해 자아도취는 자신을 모르는 것과 별반 다를 것이 없다.

안경을 쓴 청년 한 명이 기차 안에서 맞은편에 앉은 예쁜 소녀에게 자기가 어떤 사람이고 어떤 일을 하는지에 대해 열변을 토하고 있었다. 그 장황한 이야기를 옆에서 들은 사람들은 그가 명문대학의 박사 과정에 재학 중이라는 사실을 알았다. 그는 수학 공식과 수학을 공부하는 방법을 소녀에게 설명해주고 있었으며, 소녀는 그의 이야기를 열심히 듣고 있었다.

그때, 건너편 좌석에 앉아 있던 청년이 말을 걸어왔다. 옷차림을 보니 별로 대수롭지 않은 사람 같았다.

"저, 형씨, 옆에서 듣자 하니 수학에 상당한 지식이 있으신 것 같습니다. 정말 대단하군요. 마침 제가 수학 문제 하나를 풀어야 하는데, 좀 도와주실 수 있을까요?"

안경을 쓴 청년은 소녀와의 시간을 방해받았다는 듯 불쾌한 표정을 지었다. 하지만 상대가 수학 문제를 풀어달라고 하자, 금세 오만한 태도를 보이며 거만한 목소리로 대답했다.

"뭐, 정 그렇다면 가져와 보시죠."

건너편 좌석의 청년이 웃으며 말했다.

"대단한 문제는 아니에요. 며칠 전에 조카랑 통화를 하는데 이 문제를 말하며 풀어달라고 하기에…… 초등학교 5학년 문제입니다."

그러자 안경을 쓴 청년은 "이거 너무하시는 것 아닙니까? 박사 과정을 공부하는 저에게 초등학생 문제를 풀어달라고 하시다니…… 어이가 없군요"라고 퉁명스럽게 쏘아붙였다.

건너편 좌석의 청년이 대답했다.

"아, 예…… 그렇게 말씀하신다면 어쩔 수 없군요. 됐습니다."

안경을 쓴 젊은이는 "그래도 뭐, 이왕 말이 나왔으니 한번 가져와 보시죠"라고 마지못해 대답했다.

건너편 좌석의 청년이 웃으면서 말했다.

"좋아요, 한번 풀어보세요. 하지만 어렵다고 나를 원망하면 안 됩니다."

안경을 쓴 예비 박사는 오만한 표정으로 대꾸했다.

"아니, 이 친구가 사람을 뭘로 보고…… 얼른 가져와 보기나 해요."

건너편 좌석의 청년이 말했다.

"5를 세 번, 1을 한 번 사용해서 답이 24가 나오는 사칙연산을 만드는 겁니다. 순서는 아무렇게나 해도 되지만 반드시 24가 나와야 돼요. 그리고 사칙연산만을 사용해야 합니다."

"무슨 문제가 그래요? 기다려 봐요. 금방 풀어드릴 테니."

예비 박사는 큰소리를 치더니, 종이와 연필을 꺼내 문제를 풀기 시작했다. 건너편 좌석의 청년은 그가 문제를 푸는 것을 보면서 싱긋 웃더니, 의자에 몸을 깊숙이 파묻은 채 눈을 감고 기다렸다.

시간은 하염없이 흘러갔고, 기차가 종착역에 도착할 때가 다 되었다. 예비 박사라는 젊은이는 다섯 시간째 문제를 붙들고 있었지만 끙끙거리기만 할 뿐 답을 내지 못하고 있었다. 그는 혼란스러웠다. 이성을 잃기 일보 직전에 그는 잠자고 있는 청년을 깨웠다.

"형씨, 혹시 이 문제 잘못된 것 아닙니까? 답이 있기는 한 건가요? 혹시 나에게 장난치는 겁니까?"

청년은 눈을 살포시 뜨고는 말했다.

"이 문제의 답이 없다고 확신하는 거요, 아니면 못 푸는 거요?"

예비 박사는 머리를 숙이고 자신의 계산 과정을 다시 훑어보았다. 아무리 봐도 계산 방법이 크게 잘못된 것 같지는 않았다.

"아무래도 이 문제는 답이 없는 것 같아요. 만일 당신이 이 문제를 풀면, 내가 이 열차에서 뛰어내리겠소."

그러자 청년은 하하 웃더니 "형씨, 그 말은 취소하는 게 나을 텐데요. 후회하실 겁니다"라고 말하고는 종이와 연필을 건네받더니 몇 분 만에 문제를 풀어냈다.

$(5-1/5)\times5 = 24$.

종이를 들고 찬찬히 훑어보던 예비 박사의 얼굴이 빨개졌다.

우리는 자신이 굉장히 중요하고 고귀하며 능력 있는 사람이라고 착각하기 쉽다. 그래서 오만방자한 태도로 일관하다가 망신을 당하기도 한다. 자기 자신을 과대평가하여 객관적으로 바라보지 못하면 갈 수 있는 곳은 실패의 길뿐이다.

자신의 장점과 다른 사람의 단점을 비교해서는 안 되며, 자기를 좀 더 부각시키고 싶어서 다른 사람을 아무것도 아닌 존재로 취급해서도 안 된다. 자신을 객관적으로 냉정하게 평가해야 한다. 자기 자신을 잘 알아야 하고, 자기가 할 수 있는 일, 해야 할 일을 찾아 열심히 해야 한다. 정말로 능력이 있는 사람은 자기 자신을 과대평가할 필요가 없다. 굳이 자기 입으로 말하지 않아도 다른 사람들이 인정해줄 테니 말이다.

다른 사람을 무시해서는 안 된다

현대사회에는 기회도 많고 잘난 사람들도 많다. 그러므로 다른 사람들을 쉽사리 깔보거나 무시해서는 안 된다. 특히 자아도취는 가장 경계해야 할 적이다. 무슨 일을 하든 겸손하고 성실한 자세로 임해야 한다.

오만한 철학자가 작은 배를 타고 바다로 나갔다. 배 안에는 그와 뱃사공 단둘뿐이었다. 철학자는 스스로를 대단한 사람으로 여기고 있었다. 그는 자신의 학식이 얼마나 깊은지 뱃사공에게 알려주고 싶었다. 그리고 평범하기 짝이 없는 당신과는 격이 다른 사람이라고 일깨워주고 싶기도 했다. 그래서 망망대해 위에서 시를 읊기 시작했다.

시를 다 읊은 뒤, 그는 고개를 돌려 뱃사공을 지그시 바라보았다. 하지만 뱃사공은 별다른 반응 없이 묵묵히 노만 젓고 있었다. 철학자는 기분이 살짝 상해 이 무식한 뱃사공을 시험해 봐야겠다고 생각했다.

"이보시오, 뱃사공. 정말 노를 잘 저으시는군요. 하지만 이 세상에

태어나서 고작 노 젓는 법만 알아서야 되겠소? 많은 지식들을 이해하고 배워야지요."

그러자 뱃사공이 대답했다.

"저는 그저 평범한 뱃사공일 뿐입니다. 그러니 노를 잘 저어 손님들을 안전히 모셔다 드리면 되지요."

뱃사공은 열심히 노를 저었다.

"아니, 노 젓는 법만 알면 되다니요! 정말 안타깝군요. 그럼 수학은 좀 아시오?"

철학자가 물었다.

"아니오, 모릅니다."

뱃사공이 웃으며 대답했다.

"이런, 정말 안타깝고 슬픈 일이군요. 수학을 모르다니, 인생의 절반을 잃어버리고 사는 것이나 마찬가지 아니겠소! 그럼 역사는 좀 아시겠죠?"

철학자가 무시하는 눈빛으로 물었다.

"아니오, 모릅니다."

뱃사공은 여전히 앞만 주시하며 열심히 노를 저었다.

"이럴 수가! 역사도 모른단 말이오? 정말 이해가 안 되는군요. 역사도 모르면 남은 인생도 거의 잃어버리고 사는 거예요."

그때, 강한 바람이 불어와 그들이 타고 있던 배가 뒤집혔고, 두 사람 모두 물에 빠져버렸다. 뱃사공이 말했다.

"선생님, 박식한 분이신데 혹시 수영은 하실 수 있습니까?"

철학자는 금방이라도 숨이 넘어갈 것처럼 허우적거리며 말했다.

"아니오, 못 합니다……."

"그렇다면 선생께선 인생 전체를 잃어버린 겁니다."

다른 사람들이 나보다 못하다고 생각해서는 절대로 안 된다. 다른 사람들을 무시하거나 우습게 보면 안 된다는 것을 늘 머릿속에 기억해야 한다. '모든 직업과 기술에는 반드시 으뜸이 존재한다'는 말이 있듯이, 모든 사람을 존중하고 그의 직업을 인정해줘야 한다. 그래야 우리 사회가 공정하고 평등한 사회가 되고, 우리 역시 그 속에서 행복하게 살아갈 수가 있다.

매사에 자기 멋대로 생각하고 행동하는 사람은 아무리 똑똑한들 위대한 인물이 될 수 없다. 겸손하고 성실한 태도로 남을 존중하는 것이 스스로의 성장을 도모하는 길이다.

사소한 자랑거리로 우쭐거릴 필요 없다

한 여성 작가가 회의석상에서 다른 사람의 이야기에 귀를 기울이고 있었다. 그녀 옆에는 한눈에도 오만해 보이는 헝가리 출신의 남성 작가가 앉아 있었다. 그는 굉장히 젊어 보였다.

남성 작가는 옆에 앉은 여성 작가를 슬쩍 훑어보았다. 여성 작가는 전체적으로 굉장히 검소해 보였고, 회의석상에서도 아무 말도 하지 않은 채 조용히 다른 사람들의 말을 경청하고 있었다. 그래서 그는 그녀가 신출내기 작가일 거라고 생각했다. 그러자 남성 작가는 갑자기 거들먹거리고 싶어졌다. 남성 작가는 옆에 앉은 여성 작가에게 물었다.

"저, 혹시 작가이신가요?"

그러자 여성 작가는 "네, 그렇습니다, 선생님" 하고 대답했다.

"작품을 몇 편이나 발표하셨는지 물어봐도 될까요? 한두 권 정도 제목을 듣고 싶군요."

남성 작가는 그 여성 작가가 틀림없이 무명 작가일 거라고 생각했고, 그녀가 "저는 소설만 씁니다. 대표작이라고 할 만한 것은 없습니니다"라고 대답하자 자신의 예상이 들어맞았음을 확신했다. 그는 더욱 의기양양해져 거드름을 피웠지만, 여성 작가는 그의 예상과는 달리 그를 존경과 부러움의 눈길로 쳐다보지 않았다. 그는 슬그머니 화가 나서 큰 소리로 물었다.

"아, 소설을 쓰시는군요! 저도 그렇습니다. 저는 수백 편을 썼는데, 그쪽은 몇 편이나 쓰셨죠?"

그러자 여성 작가는 아주 공손하게 대답했다.

"저는 딱 한 편만 출간했습니다."

그 말을 듣자 남성 작가는 더욱 무시하는 말투로 "아, 소설 한 편만 내셨군요. 제목이 뭐죠?"라고 물었다.

여성 작가가 조용한 목소리로 대답했다.

"『바람과 함께 사라지다』입니다."

제목만 말했을 뿐인데도, 남성 작가는 순식간에 꿀 먹은 벙어리가 되었다. 그렇다. 그녀는 바로 마거릿 미첼이었다. 그녀는 평생 단 한 편의 작품만 썼지만 전 세계적으로 큰 성공을 거두었다. 지금도 많은 사람들이 그녀의 이름과 그녀가 쓴 소설 제목을 기억한다. 하지만 수백 편이나 발표했다는 그 남성 작가의 이름을 아는 사람은 거의 없다.

성공하고 나면 남들에게 잘난 척하고 오만이 하늘을 찌르는 사람들이 있다. 하지만 이런 자세는 무의식중에 자기 주변에 벽을 둘러쳐 다른 사람들이 쉽게 접근하지 못하게 만든다. 그 벽을 깨부수고 다른 사람들에게 친근한 이미지를 줄 수 있다면 많은 사람들이 기꺼이 도와줄 것이고, 그렇게 되면 성장할 기회는 훨씬 더 많아질 것이다. 하루 종일 남 앞에서 거드름 피우는 일도 얼마나 힘든가!

3인자가 될 줄도 **알아야** 한다

젊고 혈기왕성한 잭은 우수한 성적으로 명문대학에 입학했다. 대학생활을 하는 동안 그는 늘 친구들에게 인정받는 모범생이었다. 하지만 잭은 소위 '잘난 사람'에게서 볼 수 있는 교만이나 오만함이 없었다. 늘 겸손했고, 주변 사람들을 진심으로 존중했다.

어느 날 저녁, 잭은 친구들을 저녁 식사에 초대했다. 저녁을 먹은 뒤 한 친구가 잭의 책상에 놓여 있는 액자 하나를 발견했다. 액자에는 이런 글이 적혀 있었다. '나는 3인자다.' 눈에 확 띄는 글귀였다.

친구들은 호기심이 발동해 잭을 불렀다. 그리고 그 글귀에 대해 꼬치꼬치 캐물었다. 결국 잭은 그 글의 의미를 친구들에게 털어놓았다.

"이 글은 내 좌우명이야. 집을 떠나기 전날 저녁에 어머니께서 이 액자를 선물해주시면서 가장 잘 보이는 곳에 두고 매일 보라고 하셨어. 어머니는 이렇게 말씀하셨어. '항상 기억해야 한다. 하느님이 첫 번째, 다른 사람이 두 번째, 그리고 너는 언제나 세 번째라는 사실을.'"

교만하고 무례한 사람과는 일 분 일 초도 함께 있기가 싫다. 그러므로 우리는 무슨 일을 하든 자기 자신을 최우선에 두어서는 안 된다. 늘 다른 사람들을 배려하고, 겸손한 자세로 대해야 한다. 그래야만 성공할 수 있다.

겸손한 사람은 얻고, **잘난 척**하는 사람은 잃는다

소크라테스가 제자들과 이야기를 나누고 있었다. 부잣집 아들로 소문난 학생 하나가 잘난 척하며 친구들에게 말했다.

"우리 아버지는 아테네 근처에 엄청난 땅을 소유하고 있어."

그가 그 땅이 얼마나 넓은지 끝이 보이지 않는다며 자랑을 늘어놓고 있을 때, 소크라테스가 그 학생 옆으로 조용히 다가와 세계 지도를 내밀었다. 그러고는 말했다.

"아시아가 어디 있는지 짚어보거라."

학생은 스승이 자신을 지켜보고 있었다는 것을 알고는 스승이 자기의 말에 관심을 보인다고 여겼다. 그는 의기양양하게 아시아를 손으로 가리켰다.

"여기입니다."

소크라테스가 말했다.

"아주 잘했다. 그럼 그리스는 어디에 있지?"

학생은 한참을 찾더니, 지도에서 그리스의 위치를 가리켰다. 아시아와 비교하니 그리스는 너무 작았다. 소크라테스가 물었다.

"그럼 아테네는 어디에 있느냐?"

학생은 지도 위의 보일 듯 말 듯한 작은 점을 가리켰다.

"대충 여기쯤 있는 것 같습니다. 너무 작네요."

마지막으로 소크라테스가 물었다.

"그렇다면 끝이 보이지 않는다는 너희 집 땅은 어디에 있느냐?"

학생은 당황해서 식은땀을 줄줄 흘렸다. 당연히 자기 집 땅을 찾을 수 없었다. 그가 그렇게 자랑했던, 끝이 보이지 않는다는 땅은 지도에서 찾아볼 수조차 없었다. 그는 곤혹스러운 표정으로 대답했다.

"죄송합니다, 선생님. 못 찾겠습니다."

'겸손한 사람은 얻고, 잘난 척하는 사람은 잃는다'는 말이 있다. 우리는 자기가 갖고 있는 것들을 무한한 우주와 비교하지만, 사실 우리가 가진 것은 우주의 깨알 같은 일부일 뿐이다. 그러므로 늘 겸손한 마음을 간직하고 살아야 한다.

재간을 믿고 **안하무인**처럼 행동하면 안 된다

삼국 시대 오나라에 제갈근이라는 유명한 신하가 있었다. 그는 제갈량의 형으로, 무척 성실하고 늘 겸손하며, 예의를 갖추어 사람들을 대했다.

한번은 손권이 제갈근의 긴 얼굴을 놀렸다. 그는 당나귀의 얼굴에 '제갈근'이라고 써놓았다. 제갈근이 난처해서 어쩔 줄 몰라 하자, 그의 아들 제갈각이 자리에서 일어나더니 당나귀 얼굴에 쓰인 제갈근의 이름 옆에 '지려(之驢 – 제갈근의 당나귀)'라는 두 글자를 적어 넣었다. 그러자 조정의 문무 대신들은 제갈각의 문재에 감탄을 금치 못했다. 손권 역시 어린 제갈각을 칭찬해 마지않았다.

하지만 제갈근은 아들이 못마땅했다. 제갈근은 아들이 사람들 앞에서 자기 재능을 너무 뽐내어서, 신중하지 못하다고 여겼다. 훗날 아들이 자신의 재간만 믿고 안하무인이 될 것 같았고, 어쩌면 그로 인해 집안에 화를 불러올 수도 있을 것 같았다.

제갈근이 세상을 떠난 뒤, 제갈각은 임금에게 중용되었다. 그는 '태전'이라는 관직을 받았고, 손량이 제위에 오르게 하는 공도 세웠다. 손권의 상을 치르는 틈을 타 위나라 군대가 대군을 일으켜 오나라에 쳐들어왔다. 이때 제갈각은 현명한 기지와 무용으로 위나라 군대를 대파했다. 그런데 그는 위나라 군대와의 싸움에서 공을 세운 후, 조정 대신들의 만류에도 불구하고 위나라를 섬멸하려는 욕심에 군대를 이끌고 독자적인 행동을 취했다. 하지만 싸움에서 대패해 장수와 병사들을 잃고 돌아왔다. 제갈각은 반성은커녕 모든 책임을 자신의 부하들에게 돌렸다.

그는 자신만이 군대를 제대로 통솔할 수 있다고 믿고 조정 사람들을 모두 무시하면서 안하무인으로 행동했다. 그야말로 조정을 제멋대로 쥐락펴락했다. 오나라의 수많은 관리들이 이런 그의 행동에 불만을 품었지만, 그런 불만을 감히 입 밖에 내지 못했다. 이런 상황이 제갈각을 더욱 활개 치게 만들었고, 급기야 그는 황제인 손량마저 자기보다 한 수 아래라고 생각했다.

하루는 제갈각에게 업신여김을 당하던 등윤과 손준이 손량을 알현해 제갈각을 암살할 계획을 세웠다. 집에서 요양 중이던 제갈각은 얼마 후 황제의 부름을 받고 입궁했다. 제갈각은 요양하는 동안에도 적들에 대한 경계심을 풀지 않았기에, 궁전으로 들어갈 때 보검을 차고 술을 가져갔다.

하지만 너무 늦어버렸다. 그가 방자하게 궁 안에서 술을 마시자 손준 무리가 갑자기 나타나 그의 목을 베어버렸다. 제갈각 일가는 모두 참수형을 당했다. 당시 촉나라에 머무르던 제갈각의 둘째 아들만 간신히 살아남았다.

제갈각은 확실히 총명했고, 재능 역시 자신의 부친인 제갈근을 훨씬 능가했다. 그러나 자신만이 대단한 인물이라고 여기며 오만하게 행동했기 때문에 비명횡사했다. 스스로를 보호하는 법을 몰랐으며, 그로 인해 결국 비참한 최후를 맞이할 수밖에 없었던 것이다.

많은 사람들이 겸손이라는 중요한 덕목을 잊은 채 살아가고, 오만한 사람은 계속 오만하게 행동한다. 하지만 겸손은 사람을 발전시키고, 오만은 적을 만들어낸다. 스스로 대단하다고 여기는 사람은 결국 실패하지만, 겸손하고 신중하게 처신하는 사람은 절대로 손해 보지 않는다.

겸허함이 가장 안전한 **무기**

자신감을 갖는 것은 좋은 일이다. 하지만 근거 없고 맹목적인 자신감은 사람을 우쭐거리게 하고 눈멀게 한다. 자신의 장점은 크게 여기고, 남의 장점은 대수롭지 않게 생각하게 된다. 하지만 자기가 잘났다고 생각하면서 겸허하지 않은 자세로 세상을 살아가다 보면, 자신이 얼마나 허술한지 금세 들키게 된다. 그러다 보면 점점 더 위험한 처지로 내몰린다.

뱅크헤드는 노련한 여배우였다. 그녀는 머리가 좋았고 연기도 잘했다. 하지만 속절없이 흐르는 세월을 그녀 역시 피할 수 없었다. 얼굴에 하나 둘씩 주름이 생겼고, 꽃보다 아름다웠던 미모도 점점 시들어갔다. 하지만 그녀는 활달하고 속이 꽉 찬 사람이었다.

어느 날, 그녀는 자신과 함께 연기하는 젊은 여배우가 오만한 말투로 사람들에게 말하는 것을 우연히 듣게 되었다.

"뱅크헤드가 뭐 그리 대단해? 난 언제든 그녀의 역할을 뺏어올 수 있어!"

누구라도 이런 말을 들으면 걷잡을 수 없이 화가 치밀어오를 것이다. 하지만 뱅크헤드는 아량이 넓은 여자였다. 그 젊은 여배우가 유아독존 식의 성격을 고치지 않으면 절대로 성공할 수 없다는 것을 뱅크헤드는 잘 알고 있었다. 그래서 그녀 옆으로 다가가 조용히 말했다.

"그래, 나는 별로 대단한 사람이 아니야. 하지만 나는 마음만 먹으면 언제든지 네 역할을 뺏어올 수 있어."

젊은 여배우가 콧방귀를 뀌며 대꾸했다.

"그래요? 자신감이 대단하시군요."

"오늘 저녁에 한번 해볼까?"

그날 저녁, 뱅크헤드와 젊은 여배우가 같은 무대 위에 올랐다. 극본상으로는 연기가 끝난 후 뱅크헤드가 먼저 퇴장하고 젊은 여배우 혼자 전화 통화를 하는 연기를 해야 했다.

뱅크헤드는 무대 위에서 샴페인을 한 잔 마신 후, 술이 가득 담긴 술잔을 테이블 위에 두고 내려왔다. 무대 위에는 젊은 여배우 혼자 남아 연기를 하고 있었다. 하지만 관객들은 젊은 여배우에게 관심을 갖지 않고 술잔만 걱정스러운 표정으로 바라보았다. 술잔이 테이블 위에 아슬아슬하게 놓여 있어서 금방이라도 떨어질 것 같았기 때문이다. 관객들은 홀로 독백 연기를 하는 젊은 여배우는 아랑곳하지 않고, 언제 바닥으로 떨어질지 모르는 술잔만을 바라보고 있었던 것이다.

젊은 여배우는 건성건성 연기를 마친 뒤, 관객들의 킥킥거리는 웃음소리를 들으며 퇴장했다. 술잔 때문에 동요되어 연기를 망쳐버린 것이다. 그토록 위태로워 보였던 술잔이 테이블에서 떨어지지 않은 것이 정말 이상했다.

실은 뱅크헤드가 술잔 밑에 투명 테이프를 붙여두었던 것이다. 뱅크헤드는 '주변에서 만나는 모든 사람을 자신의 스승으로 삼는다면 학교에서 배울 수 없는 산지식을 배울 수 있고 불필요한 수고나 어려움을 덜 수 있다'는 사실을 그 젊은 여배우가 깨닫기를 바랐다.

얼마 후 젊은 여배우는 뱅크헤드를 찾아와 자신의 잘못을 솔직히 인정했다. 뱅크헤드 역시 그녀를 용서하며 따뜻한 충고를 해주었다.

"젊음과 아름다움이 추천서라면, 훌륭한 품성은 신용카드와 같은 거야."

그리고 두꺼운 노트 한 권을 꺼내 그 여배우에게 선물했다. 자신이 무대에서 겪은 크고 작은 생생한 경험과 교훈들을 적어둔 노트였다. 노트의 첫 페이지에는 이렇게 적혀 있었다.

'선배를 존경하는 것은 본분이고, 동료 앞에서 겸손한 것은 우정이며, 후배를 대할 때 겸손한 것은 고귀함이다. 모든 사람을 겸허하고 온화하게 대해야 한다.'

세상에 영원한 강자는 없다. 자기만 옳다는 듯 오만방자하게 행동하면 발전하고 성공할 수 있는 기회를 잃어버린다. 마음속에 자만이 가득 차면 다른 사람을 무시하고 그 사람의 존엄성까지 훼손할 수 있다. 스스로를 돌아보고 제때 반성하지 않으면 마음의 함정에 더욱 깊이 빠져들어 삶의 방향까지 잃고 오만함에 대한 뼈아픈 대가를 치르게 된다.

경솔함

↓

에디슨은 일에 임하는 자신만의 원칙에 대해 다음과 같이 말했다.

"처음에 옳다고 생각한 안(案)도 실제로 실험을 해보면 많은 오류와 잘못이 발견된다. 그래서 나는 절대로 성급하게 결론을 내리지 않는다. 오랫동안 심사숙고한 뒤에야 결론을 내린다."

인생을 살아가다 보면 여러 가지 상황에 맞닥뜨리게 된다. 심사숙고하지 않고 경솔하게 결정을 내렸다가 후회하는 사람도 있고, 때로는 그 결정 때문에 돌이킬 수 없는 파국을 맞기도 한다.

아무튼 인생을 살다 보면 후회할 일들이 많이 일어난다. 내일 어떤 일이 벌어질지 모르니 항상 진지하고 신중한 자세를 가져야 한다.

경솔하고 성급한 자세는 자칫 돌이키기 힘든 실패를 불러온다. 충분히 생각해보지 않았고 준비도 부족했기 때문에 실패하는 경우가 많다. 반면 현명한 사람들은 오랫동안 고민하고 생각해본 후에 결정을 내리고 행동에 옮긴다. 이런 사람들은 그러지 않는 사람들보다 성공에 빨리 다가갈 수 있다.

1년 후를 내다본 결정

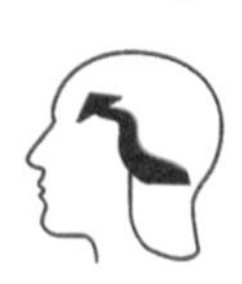

1899년, 스웨덴의 유명한 탐험가 스벤 헤딘이 중국의 타클라마칸 사막을 탐험하러 갔다. 그가 이끄는 낙타 부대는 몇 날 며칠을 고생하며 사막을 헤매고 다녔지만 아무런 성과도 거두지 못했다. 시간이 지나자 사람이나 낙타나 오랫동안 물을 마시지 못해 버티기 힘든 극한 상황에 다다랐다. 그들에게 당장 필요한 것은 물이었다.

움푹 파인 낮은 지대에 도착했을 때, 헤딘은 그곳에 수원水源이 있을지도 모른다는 생각을 했다. 그런데 구덩이를 팔 준비를 하던 중 이전에 잠깐 휴식을 취했던 곳에 삽을 두고 왔음을 깨달았다. 헤딘은 경험 많은 안내자 아오르더커에게 왔던 길을 돌아가 삽을 찾아오라고 시켰다.

다음날 아침, 아오르더커는 삽과 함께 큰 목조 예술품을 가지고 돌아왔다. 아오르더커는 헤딘에게 말했다.

"돌아오는 길에 갈림길에서 주웠습니다. 거기에는 이런 목조 예술품이 꽤 많이 있었습니다."

헤딘은 그 목조 예술품에 새겨진 문양이 굉장히 아름답고 정교하다는 사실을 알아차렸다. 목조 예술품이 널려 있다는 그곳이 대단한 유적지임이 틀림없다고 생각했다. 그와 함께 있던 사람들 역시 목조 예술품에 호기심을 보이며 아오르더커에게 그곳으로 자기들을 안내해달라고 했다. 하지만 헤딘은 사람들이 많이 지쳐 있는 데다 식량도 턱없이 부족하여 그들을 만류했다. 그들은 그곳에서 충분한 물을 섭취한 후 낙타 부대를 이끌고 사막을 벗어나 아무런 성과 없이 빈손으로 돌아갔다.

이듬해 3월, 헤딘은 다시 타클라마칸 사막에 가기로 결정했다. 그는 아오르더커를 찾았고, 그의 안내로 불탑 하나와 거의 무너져 내린 건축물 세 개를 발견했다. 헤딘이 발견한 곳은 유명한 누란 왕국의 유적지였던 것이다.

헤딘이 이 지역을 탐사하고 스웨덴으로 돌아온 뒤, 그를 축하하기 위해 열린 연회에서 한 공작이 그에게 물었다.

"지난번에 갔을 때 누란 왕국 유적지가 있다는 단서를 발견했다면서, 왜 1년이 지난 후에야 탐험하러 간 거죠?"

그러자 헤딘은 웃으며 대답했다.

"이번 탐험을 한 편의 글에 비유하자면 머리말, 본론, 맺음말, 이렇게 세 부분으로 나눌 수 있을 겁니다. 오늘 이 연회는 맺음말에 해당한다고 봅니다. 그곳을 발견한 과정은 본론이고, 1년 전 아무 성과 없이 돌아왔던 때가 머리말인 셈이죠. 당시 우리는 먹을 것이 턱없이 부족했고, 낙타도 지쳐 있었습니다. 그런 상황에서 누란 왕국 유적지 탐험을 감행했다면, 필경 위험을 맞이했을 겁니다. 물론 저는 그곳을 탐험하고 싶었지만, 충분히 준비하고 시간을 가진 후에 진행하는 것이 낫다고 판단했습니다. 그래야 글 전체를 충실하게 잘 쓸 수 있을 테니까요."

우리는 헤딘에게서 배울 점이 참 많다. 아무런 계획 없이 경솔하게 도전만 하는 것은 가만히 있는 것만 못할 수도 있다. 계획을 잘 세우고 충분히 검토한 뒤 실천에 옮겨야 한다. 내일 어떤 일이 벌어질지는 아무도 예측할 수 없으니 말이다.

매사에 **신중**하게 **행동**하라

전국 시대 초기, 각국에서는 여러 가지 병법이 난무했다. 특히 위나라는 문후의 통치하에 국력이 날로 강대해져 갔다.

위나라 혜왕 시대에 유명한 귀곡자(鬼谷子 : 중국 초나라의 사상가, 귀곡 지방에 은둔했으므로 귀곡자라 불렸다)의 제자 방연이라는 인물이 있었는데, 그는 귀곡자에게 병법을 배웠다. 훗날 방연은 위나라 장수가 되었으며, 병술에 능해 혜왕에게 중용되었다. 방연은 먼저 작은 전투에서 재량을 발휘해 몇 차례 승리를 거두어 혜왕을 기쁘게 했다. 그러자 혜왕은 방연에게 군사 요직을 주었다.

그런데 방연은 능력이 출중하긴 했지만 마음 씀씀이가 선한 편은 아니었다. 그는 자기처럼 귀곡자의 제자였던 손빈이 자기보다 능력이 뛰어나다는 것을 알고, 행여 손빈이 자기보다 더 유명해져 자기의 명성을 누를까봐 노심초사했다. 그래서 일부러 혜왕에게 손빈을 추천했다.

혜왕이 손빈을 중용한 지 얼마 되지 않아, 방연은 손빈이 제나라와 내통하는 것 같다고 손빈을 모함했다. 혜왕이 그 말을 듣고 손빈을 제거해야겠다고 하자, 방연은 마음이 아픈 듯이 제발 죽이지는 말아달라고 간청했다. "대신 손빈의 얼굴에 글자를 새기고 다리를 자르면 될 것입니다"라고 말했다.

방연이 손빈을 죽이지 말라고 청한 것은, 자신이 혜왕에게 애원하여 손빈을 살려준 것처럼 속여 그의 병법을 몰래 배우려는 속셈에서였다.

때마침 제나라의 사신 한 명이 위나라를 방문 중이었는데, 그 사신이 이 사실을 알고 손빈을 탈출시켜주었다.

당시 명군으로 이름을 떨쳤던 제나라 선왕은 병법에 대해 손빈과 이야기를 나눈 후, 그의 해박한 지식에 감탄했다. BC 353년, 방연은 손빈이 아직 살아 있고 자신이 이끄는 군대가 손빈의 전술을 쓴 제나라 군대에게 공격당했음을 깨닫는다. 손빈을 늘 염두에 두고 전전긍긍하던 방연은 그 사건을 통해 손빈과는 절대로 공존할 수 없다는 사실을 깨달았다.

몇 년 후, 위나라가 대군을 일으켜 한나라를 공격했다. 이때 한나라는 제나라에 구원을 청했다. 위나라 대장은 방연이었다.

제나라 선왕은 중신들과 의논한 끝에 구원군을 보내기로 결정하고 전기를 대장으로, 손빈을 군사軍師로 삼아 병차兵車 5백 승을 내주었다. 그런데 이때 손빈은 한나라로 향하지 않고 위나라로 쳐들어갔다. 위나라가 공격을 받으면 위나라 군대가 자기 나라를 구하기 위해 한나라에서 철수할 것이고, 그렇게 되면 한나라는 자연히 위기에서 벗어나게 된다는 계산에서였다.

예상대로 방연은 한나라 공격을 중단하고 귀국 준비를 했다.

한편, 손빈이 계책을 내놓았다.

"오늘 야영을 할 때 밥 짓는 아궁이를 10만 개 만들고, 내일부터는 그 수효를 날마다 줄여나가기로 합시다. 위나라로 돌아오는 방연이 이를 보면, 우리 군영에 탈주병이 늘어나는 것으로 짐작하겠지요. 그러면 그들은 무리를 해서라도 급히 추격해올 것입니다. 그때 험로에 매복해 있다가 급습한다면, 그들을 쉽게 제압할 수 있을 것입니다."

전기는 손빈의 계책에 따랐다.

위나라로 회군하는 방연은 무척 화가 나 있었다. 한나라 점령을 코앞에 두고 철수하게 되었기 때문이다. 이윽고 그들은 제나라 군대가 야영했던 곳을 지나게 되었다.

방연이 명령을 내렸다.

"제나라 놈들이 밥을 지어 먹고 간 아궁이가 몇 개나 되는지 살펴보아라."

한참 만에 부하 장수가 돌아와 보고했다.

"10만 개는 족히 되는 듯합니다."

"제나라 군사가 그렇게 많단 말이냐? 경솔히 대적해서는 안 되겠구나."

이튿날 방연은 제나라 군대를 무찌를 계교에 골몰했다. 행군 중에 보니 제나라 군대가 밥을 지어 먹은 아궁이가 들판에 널려 있는데 어제보다는 수효가 적어 보였다. 부하 장수를 시켜 또다시 헤아려보라고 하니, 5만 개 남짓하다고 했다. 그 다음날 제나라 군대의 야영지를 살펴보니 이번에는 아궁이 수가 3만 개가 채 되지 않았다.

방연은 이 보고를 받고 몹시 기뻐했다.

"원래 제나라 놈들은 겁이 많다. 벌써 3분의 2 가량이 도망쳤구나. 놈들에게 복수할 기회가 왔다."

방연은 정예병 2만 명을 선발하여, 제나라 군대를 급히 추격하게 했다. 손빈은 척후병에게서 적군이 맹추격해오고 있다는 보고를 받고, 방연이 저녁 무렵 통과할 지점을 어림잡아 보았다. 마릉이란 곳은 양쪽으로 높은 산이 솟아 있으며 계곡이 깊고 수목이 울창해서 군사를 매복시키기에 안성맞춤이었다.

손빈은 계곡 입구 언덕에 큰 나무 한 그루만 남겨놓고 나머지 나무들을 모조리 벤 뒤 높이 쌓아 계곡을 막게 했다. 그리고 한 그루 남은 나무의 가지를 치고 껍질을 벗기게 한 뒤, 직접 붓을 들어 그 나무에 다음과 같이 적었다.

> 방연은 이 나무 아래에서 죽는다. 군사 손빈.
>
> **龐涓死於此樹之下 軍師孫臏**

그러고는 다시 명령을 내렸다.

"궁수 5천 명씩을 좌우편 언덕에 매복시켜라. 그리고 저 나무 밑에서 불빛이 일거든, 그 불빛을 향해 일제히 활을 쏘아라."

한편, 방연은 병사들을 독려해 질풍처럼 추격했다. 몹시 지친 병사들을 '이제 곧 제나라 놈들을 쳐부수게 된다'고 부추기면서, 사록산을 넘어 마릉 길목으로 급히 진격시켰다. 때는 10월 하순, 초저녁이었지만 달도 없었고 사위는 캄캄했다.

선발대가 "적군이 계곡에 나뭇단을 쌓아놓아 진격하기가 곤란합니다"라고 보고하자 방연은 화를 버럭 냈다.

"제나라 놈들이 겁을 먹고 도망치면서 우리가 추격하지 못하도록 막아놓은 걸 가지고 무엇이 곤란하다고 엄살이냐? 속히 치우고 진격하라."

방연은 앞으로 달려나가 나뭇단 치우는 작업을 직접 독려했다. 그런데 계곡 옆 언덕에 나무 한 그루가 서 있고 줄기에 웬 글씨가 적혀 있는 것이 보였다. 이를 궁금하게 여긴 방연은 병졸을 시켜 횃불을 켜게 했다. 순간 방연은 대경실색했다.

"아차, 내가 그 다리병신 놈에게 속았구나."

이 말이 끝남과 동시에 좌우에서 화살비가 쏟아지기 시작했다. 1만 명의 궁수가 쏘아대는 화살에 위나라 병사들은 추풍낙엽처럼 쓰러졌고, 피투성이가 된 방연은 사태를 파악하고 칼을 뽑아 자기 목을 찌르고 죽었다. 이 전쟁으로 위나라는 막대한 병력을 잃었고, 다시는 예전의 힘을 회복하지 못했다. 결국 위나라는 주변국에 좌지우지되는 소국으로 전락하고 말았다.

확실히 손빈은 뛰어난 병법가이자 천재적인 모사가였다. 그는 방연의 심리와 오만한 성격을 꿰뚫어보았다. 그래서 일부러 가마솥 아궁이의 수를 줄여 방연이 자신의 군대를 뒤쫓게 한 것이다. 나무 아래에서 불빛이 번쩍이자 손빈은 방연이 도착했음을 알았고, 화살을 쏘라고 명령해 위나라 군대를 제압했다.

가마솥 아궁이를 하나하나 세어보았다는 점에서 방연이 굉장히 신중한 사람이라는 것을 알 수 있다. 그러나 방연은 정작 중요한 것을 잊고 있었다. 자신의 라이벌인 손빈 역시 병법의 천재라는 사실 말이다. 방연은 겉으로 드러난 모습만을 보았을 뿐 그 속에 숨겨진 것들을 깊이 생각하지 않았고, 맹목적으로 공격에 나서 결국 패자가 되고 말았다. 이 이야기에서 우리는 '어떤 일을 하든 경거망동하지 말고 늘 심사숙고해야 한다'는 교훈을 얻는다.

혹시나 하는 **마음**은 금물

산간벽촌에 딱 두 집이 살고 있었다. 그들은 필요한 물건이 있으면 시내로 나가서 사와야 했다. 시내로 나가는 길은 둘뿐이었다. 하나는 큰 산을 타고 작은 계곡을 건너 돌아가는 길로, 하루 정도 걸렸다. 다른 하나는 큰 강 하나만 건넌 뒤 산길을 따라 내려가는 길로, 좀 더 빨리 시내에 도착할 수 있었다. 하지만 강에 놓인 다리가 너무 낡고 허름해서 언제 무너질지 모르는 상태였다. 첫째 길은 너무 힘들고 시간이 많이 걸렸으므로, 두 집주인은 되도록이면 시간이 덜 걸리는 둘째 길을 택하곤 했다.

두 집주인이 함께 다리를 건너려는 순간, 한 사람이 다리에서 균열의 흔적을 발견했다. 그는 성급히 다리 위로 올라서려는 다른 집주인을 붙잡고 말했다.

"건너지 않는 게 좋겠습니다. 다리가 이상해요. 이것 좀 보세요. 곧 무너질 것 같지 않습니까? 오늘은 다른 길로 돌아서 가는 게 좋겠어요."

그러나 다른 집주인은 그 말을 듣고도 대수롭지 않게 여겼다.

"이왕 여기까지 왔는데, 다른 길로 가면 그동안의 시간이 너무 아깝잖아요? 이 다리만 건너면 바로 시내인데…… 그리고 다른 길로 가려면 되돌아가야 하고, 또 더 많이 걸어야 하잖아요? 그냥 빨리 건너갑시다. 별 문제 없을 거예요."

다른 집주인이 기어이 다리를 건너야겠다며 의견을 굽히지 않자, 첫 번째 집주인은 더 이상 말하지 않고 무거운 돌 하나를 집어 다리의 균열 간 부분에 던져버렸다. 썩을 대로 썩어 있던 다리는 소리를 내며 갈라지더니, 와르르 강물 위로 떨어져 내렸다.

다리를 건너자고 주장했던 다른 집주인은 그 큰 다리가 돌 하나 감당하지 못하고 무너지는 모습을 보고는 하루 종일 아무 말도 하지 못했다. 그는 첫 번째 집주인 덕분에 화를 면했다는 사실에 크게 안도했고, 자신의 경솔함을 부끄럽게 여겼다.

돌아오는 길에 그는 첫 번째 집주인에게 말했다.

"아까 일은 정말 고맙습니다. 당신이 그러지 않았으면 지금쯤 나는 이미 저 세상 사람이 되어 있을 거예요. 그런데 그 상황에서 어떻게 그럴 수가 있었습니까? 나는 먼 길을 돌아가는 게 귀찮고 싫다는 생각만 했지, 다리가 무너지리라는 생각은 전혀 하지 못했어요."

그러자 첫 번째 집주인이 말했다.

"살다 보면 요행심 때문에 종종 위험을 간과하곤 하지요. 하지만 매사에 신중해야 합니다. 절대로 쉽게 행동해서는 안 돼요. 그래야 언제 찾아올지 모르는 위험을 피할 수 있죠."

우리도 마찬가지다. 우리는 종종 요행심 때문에 자기에게 득이 되는 것만 생각할 뿐, 눈앞에 도사리고 있는 위험은 보지 못한다. 문제가 있을 것 같다는 생각이 들어도, 처음부터 심사숙고하지 않고 막연히 행운이 찾아올 거라고 생각하기 일쑤다. 이런 생각 때문에 경솔한 결정을 내리게 되고, 그 결정이 때로는 돌이킬 수 없는 결과를 초래하는 것이다.

생존은 기나긴 **적응**의 과정

한 폭의 그림 같은 초원에 들소 한 마리와 야생 노루 한 마리가 살고 있었다. 둘은 좋은 친구로서 같은 나무 아래에 머물렀다. 초원은 아름다웠지만, 바람이 심하게 불 때면 나뭇가지가 자주 꺾여 들소와 노루 위로 떨어지곤 했다. 노루는 그런 상황이 점점 견디기 힘들어져 다른 곳으로 옮겨가기로 했다. 하지만 들소는 노루만큼 예민하지 않았다. 바람이 불어 나뭇가지가 떨어지는 것을 자연스러운 현상으로 받아들였다. 노루는 자신의 생존에 적합한 장소가 분명 어딘가 있을 거라고 생각했고, 이 점에서는 들소와 생각이 다르다는 것을 알았다. 노루는 즉시 떠나기로 결심했다.

떠나기 전, 들소가 노루에게 물었다.

"이 나무는 비바람을 막아주었고 우리에게 맛있는 열매도 주었는데, 굳이 왜 다른 곳으로 가려고 하니?"

그러자 노루가 대답했다.

"나는 더 이상 여기서 살 수가 없어. 여기가 좋다고 생각하면 너는 평생 여기서 살아."

노루는 고개를 절레절레 흔들며 떠났다.

노루는 넓은 광야로 나갔다. 그곳은 낮에는 덥고 밤에는 서늘했다. 노루는 추웠다 더웠다 하는 상황을 견딜 수 없었다. 노루가 다시 그곳을 떠나려고 하자, 마침 그곳을 지나가던 들소가 물었다.

"왜, 또 떠나려고? 여기도 근사하고 괜찮잖아. 날씨가 좀 안 좋다는 것만 빼면 사자나 늑대가 없어서 안전해."

다른 들소 역시 노루에게 말했다.

"이 세상에 완벽한 곳은 없어. 어딜 가든 조금은 불편하기 마련이야. 지내기가 좀 불편하더라도 마음만 편하면 되지 않겠니?"

그러나 노루는 말했다.

"아니야. 난 이런 변덕스러운 날씨가 정말 싫어. 더 좋은 곳을 찾아갈 거야."

노루는 들소들이 말한 장점들은 전혀 고려하지 않고, 오로지 그곳이 자기와 안 맞는다고만 생각했다.

초목이 무성한 산비탈에 도착했을 때, 노루는 날씨도 환경도 너무 좋다고 생각하여 그곳에 머무르기로 결심했다. 그러나 며칠 후, 노루는 또다시 그곳이 이상적인 곳이 아니라고 생각했다. 포악한 맹수들이 자주 출몰해 매일 밤 그들의 울음소리를 들으면서 두려움에 떨어야 했기 때문이다. 하지만 노루는 그곳의 좋은 환경에 미련이 남아 마음을 고쳐먹고 억지로 머물렀다.

어느 날 노루는 먹이를 구하러 나섰다가 사자에게 붙잡혔다. 그 순간 왜 친구들의 말을 귀담아듣지 않았던가 하고 처음으로 후회했다.

어떤 일에 대해 진지하게 생각하지 않고 자신의 직감대로만 결정한다면, 결국 후회하게 될 것이다. 생존은 기나긴 적응의 과정이다. 인내심과 노력 없이 무턱대고 경솔한 결정을 내리면 자기 자신만 다친다.

활시위를 당기되 **잠시** 기다려라

어느 기업의 정보과 과장이 허술한 시장정보를 제공해 상사가 잘못된 결정을 내리도록 만들어 회사에 막대한 손실을 입혔다. 정보과 과장이 모든 책임을 지게 될 수도 있는 상황이었다.

하지만 사장은 성급하게 결정을 내리지 않았다. 그는 이번 사건을 두 가지 측면에서 보았다. 하나는 정보과 과장이 무능해서 일 처리를 잘못했을 가능성이었고, 다른 하나는 원숭이도 나무에서 떨어질 때가 있듯이 순간의 실수로 잘못된 판단을 내렸을 가능성이었다. 만일 후자라면, 정보과 과장을 해고하는 것은 인재 손실로 이어질 수도 있었다. 뿐만 아니라 그 자리에 적합한 인물이 없어서, 그가 물러나면 회사 업무에 상당한 차질을 불러올 수도 있었다. 사장은 정보과 과장을 불러 이번 실수를 잘 마무리하라고 지시했다. 그러나 어떻게 처리해야 하는지 구체적인 방법까지는 이야기하지 않았다.

그러자 정보과 과장은 자신의 실수를 만회하기 위해 열심히 일했고, 회사에 유용한 정보를 많이 제공했다. 회사가 중요한 결정을 내리는 데 많은 공헌을 했으며, 자신이 그 자리에 적합한 인물임을, 그리고 지난번 일은 실수였음을 증명했다.

한참 시간이 흐른 뒤, 사장은 정보과 과장을 불러서 말했다.

"자네가 참 많은 일을 해주었군. 내가 상을 내리고 싶네. 하지만 지난번 실수가 아직 다 처리되지 않았으니, 자네가 이번에 세운 공으로 지난번 실수를 만회한 것으로 하세."

사장의 결정은 현명했다. 회사의 정상적인 업무에 차질을 빚지 않았을 뿐 아니라, 정보과 과장과 다른 직원들에게도 감동을 준 것이다. 사장은 충분히 그럴 수 있었는데도 정보과 과장을 해고하지 않았다. 그를 대신할 적합한 인물이 없기도 했지만, 한 번의 실수만 가지고 정보과 과장이 훌륭한 인재인지 아닌지 판단할 수는 없다고 생각했던 것이다.

또한 사장은 문제를 처리하기에 좋은 시기를 기다리고 있었다. 그래서 정보과 과장이 공을 세웠을 때 지난번 실수를 만회한 것으로 처리한 것이다. 그럼으로써 정보과 과장의 실수에 대해 지나치게 관대한 모습을 보여주지 않는 동시에, 정보과 과장에게는 회사의 신임을 되찾을 수 있는 기회를 주었다. 양측 모두에게 좋은 결과를 가져온 것이다.

다시 말해 사장은 활시위를 당기되 쏘는 것은 잠시 기다린 셈이다. 활시위를 당기고 곧바로 화살을 쏘았는데 잘못 쏘게 되면 뒷일을 수습하기 힘들다. 그러므로 활시위를 당기되 잠시 숨을 고르고 기다리는 법을 배울 필요가 있다.

냉정은 지혜의 핵심

한 동물학자가 동물 심리를 연구하고 있었다. 그는 원숭이 몇 마리를 데리고 실험을 진행했다. 우선 목이 길고 입구가 좁은 유리병에 땅콩 몇 알을 넣었다. 그리고 그 유리병을 원숭이에게 주었다. 원숭이는 순식간에 유리병을 낚아챘고, 오랫동안 유리병을 이리저리 흔들어본 후에야 땅콩을 꺼냈다. 땅콩을 먹는 원숭이의 표정은 세상에서 가장 행복해 보였다.

동물학자는 유리병에 다시 땅콩을 넣었다. 그리고 유리병을 거꾸로 들면 땅콩이 바로 빠져나온다는 것을 보여주었다. 하지만 아무리 그 행동을 반복해 보여주어도 원숭이는 이해하지 못했다. 매번 병을 낚아채 오랫동안 흔들면서 같은 동작만 되풀이했다. 어떤 때는 몹시 애를 쓰고도 땅콩을 꺼내지 못했다. 다른 원숭이들도 마찬가지였다.

원숭이는 왜 동물학자가 가르쳐준 방법을 쓰지 않은 것일까? 사실 원숭이는 동물 중에서도 지능이 꽤 높은 편이다. 인간의 동작을 따라 할 수도 있다. 하지만 그것은 음식의 유혹이 없을 때만 가능하다. 병 안의 땅콩을 꺼내 먹을 생각만이 머릿속에 가득해 동물학자가 보여주는 행동에 집중하지 못하는 것이다.

병 안의 땅콩을 쉽게 꺼내려면 음식에 대한 유혹을 떨쳐내고 동물학자의 손과 거꾸로 세운 유리병을 볼 줄 알아야 한다. 하지만 원숭이는 그러지 못한다. 병 안의 땅콩을 먹고 싶은 생각에만 마음이 급하기 때문이다.

이 실험을 통해 우리는 '지혜의 핵심은 냉정'임을 알 수 있다. 누구나 이 이치를 알고 있지만, 정작 문제에 직면했을 때는 이 이치를 잊어버리고 만다. 어떤 문제든 먼저 그 문제를 잘 이해해야만 해결 방법을 찾을 수 있고, 스스로의 감정도 다스릴 수 있다. 그러지 않고 경솔하게 결정을 내린다면, 예상치 못했던 결과를 초래하게 될 것이다.

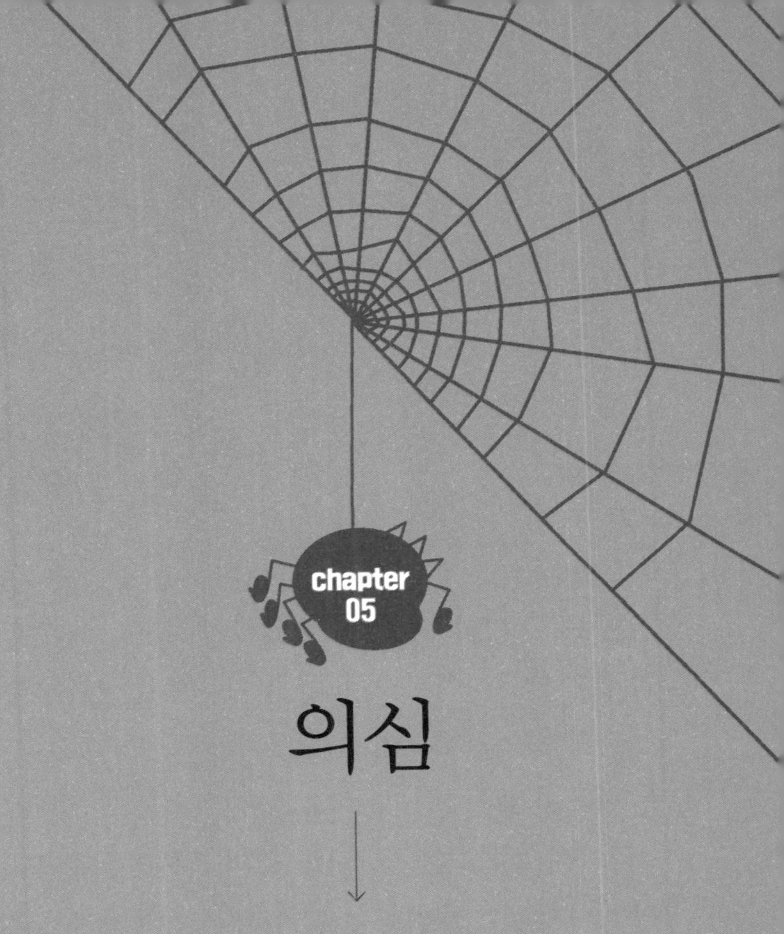

의심

'오래 알고 지내면 서로 의심하지 않는다'는 말이 있다. 역으로 생각하면, 의심하지 않으면 오랫동안 가까이 지낼 수 있다는 말도 된다. 의심은 우리가 자주 빠지기 쉬운 마음의 함정 중 하나이며, 남과 자신을 해치는 근원이 된다.
의심을 하기 시작하면 주변의 모든 사물에 습관적으로 부정적인 생각을 갖게 된다. 일단 의심이라는 함정에 빠지고 나면 모든 일에 과민반응하게 되고, 주변 사람들 역시 자신을 의심한다고 여겨 대인관계에도 나쁜 영향을 가져온다. 뿐만 아니라, 스스로를 긴장과 초조 상태로 몰고 가기도 한다.

누구의 잘못인가

기차를 기다리던 한 신사가 갑자기 허기를 느꼈다. 그래서 급히 역 안의 만두 가게로 들어가 만두와 간단한 반찬을 주문했다. 그가 만두를 입으로 가져가는 순간, 휴대전화 벨이 울렸다. 만두 가게 안이 너무 시끄러워서 그는 밖으로 나가 전화를 받았다.

통화를 끝내고 돌아와 보니, 그의 맞은편 의자에 단정한 옷차림의 숙녀가 앉아 있었다. 기차역 안에 있는 가게라서 손님이 많고 모르는 사람끼리도 같은 탁자에 앉아 식사를 하는 분위기였기 때문에, 그는 아무 말도 하지 않고 조용히 자리에 앉았다. 하지만 그가 만두를 집어 입에 가져간 순간, 숙녀는 그가 큰 죄를 저지른 범죄자라도 되는 양 경멸하는 눈빛으로 그를 쳐다봤다.

뒤이어 경악할 만한 사건이 벌어졌다. 정숙한 숙녀로 보이던 그 여자가 갑자기 젓가락을 들어 천천히 그의 만두 접시로 손을 뻗더니, 아무렇지도 않게 만두를 집어 자기 입에 넣는 것이 아닌가? 단정하고 정숙하게 앉아 있던 숙녀가 순식간에 정신병자로 돌변한 것 같았다. 그 역시 질세라 재빨리 만두를 먹기 시작했다. 두 사람은 순식간에 만두 한 접시를 먹어치웠다.

잠시 후 여자는 자리에서 일어나 가게를 나갔다. 그 모습을 본 신사는 화가 머리끝까지 치밀어 올랐다.

'뭐야? 무슨 저런 무례한 여자가 다 있어? 어떻게 남의 만두를 자기 것인 양 아무렇지도 않게 먹을 수 있지?'

하지만 그가 일어나서 그 여자에게 한마디 하려는 순간, 그는 뒤쪽 탁자에 있는 다 식어버린 만두 접시를 발견했다. 그 옆에 놓인 반찬도……. 다시 고개를 돌려 방금 앉아 있던 탁자 위를 보니, 거기에 놓인 반찬은 그가 주문한 것이 아니었다. 가게 안이 너무 북적대고 시간에 쫓기다 보니, 그가 탁자를 잘못 찾아 앉은 것이었다. 무례하기 짝이 없는 사람은 그녀가 아니라 바로 그였다.

자신이 피해자라는 생각에 사로잡히면 상대방의 얼굴에서 뭔가 미심쩍은 기색을 발견하게 된다. 상대방은 나쁜 생각이 없는데도 내 쪽에서 괜히 오해를 하는 것이다. 이런 오해가 꼬리에 꼬리를 물어 상대방이 자신에게 악감정을 품고 있다고 확신하게 된다.

인생을 살다 보면 우리 역시 이 신사처럼 될 때가 있다. 우리가 화를 내고 경솔하게 구는 이유는 내가 다른 사람의 행동으로 인해 피해를 보았다고 생각하기 때문이다. 앞의 신사는 나중에 자신이 실수했음을 깨달았지만, 자신의 의심과 잘못된 판단으로 자기 자신은 물론 다른 사람까지 난처하게 만들었다.

다른 사람의 행동에 의심이 갈 때는 먼저 나 자신과 주변을 돌아보자. 어쩌면 이상한 행동을 하는 사람은 상대방이 아니라 당신 자신일 수도 있다. 어떤 사람이 내 만두를 집어갈 때, 그 사람이 일부러 내 것을 침범하려 한다고 쉽게 결론짓지 말자. 어쩌면 그 사람도 그것이 자기 것이라고 착각했을지도 모르니까 말이다.

의심은 줄이고 **믿어라**

전국 시대에 제나라는 매우 강성한 나라였다. 제나라는 주변 국가들과의 전쟁에서 수차례 승리했다. 승리에 도취한 제나라 민왕은 서서히 난폭해지고 안하무인으로 변해갔다.

제나라는 국상을 치르는 연나라를 공격했고, 그들의 조상을 모신 사당까지 파괴했다. 연나라 소왕은 자신이 왕으로 있는 한 반드시 원한을 갚고 제나라를 멸하겠다고 다짐했다. 하지만 연나라는 전국의 7개 국가 중 가장 약소했고, 제나라는 가장 강성했다. 소왕은 악의라는 인물이 유능하고 지략 또한 뛰어나다는 이야기를 듣고, 자신이 유능한 인재를 얼마나 간절히 원하는지를 알렸다. 악의는 병법의 천재로서, 그의 등장으로 소왕은 제나라에 복수할 기회를 잡게 되었다.

제나라 민왕의 난폭함은 많은 국가들의 원성을 샀다. 연나라 소왕은 제나라를 토벌하기 위해 나머지 5국과 연합했고, 악의에게 그 중책을 맡겼다. 악의는 소왕과 5국의 신뢰를 저버리지 않았다. 그는 70여 개에 달하는 요지를 거침없이 공격해 항복시켰고, 강성했던 제나라는 순식간에 멸망의 길을 걷게 되었다.

오만하고 나태했던 제나라 사람들도 마침내 복수의 칼날을 갈기 시작했다. 그들은 죽을 각오로 합심해 마지막 남은 두 요충지를 악의로부터 지켜냈다.

그러자 연나라에는 이상한 소문이 떠돌기 시작했다. 악의가 두 요충지를 포위만 할 뿐 공격하지 않은 것은 자기가 제나라 왕이 되려고 하기 때문이라는 소문이었다. 하지만 소왕은 소문을 믿지 않았다. 여전히 악의를 무한히 신뢰하며 자신에게 이상한 소문을 전한 사람들을 나무랐다. 오히려 악의를 제나라 왕으로 삼아주어 그의 혁혁한 공을 치하하기로 결심했다. 악의는 소왕의 마음에 큰 감동을 받았지만, 제나라 왕이 되는 것을 끝내 사양했고, 오히려 마지막 두 요충지를 함락시키기 위해 노력했다.

하늘이 제나라의 멸망을 허락하지 않았던지, 총명하고 지혜로운 연나라 소왕이 갑작스럽게 병을 얻어 죽었다. 소왕의 뒤를 이은 혜왕은 주변의 이야기를 듣고 악의를 의심하기 시작했고, 악의를 죽이라고 명령했다. 악의는 언제 죽임을 당할지 모른다는 두려움에 사로잡혀 조나라로 도망쳤다. 악의가 도망치고 얼마 후, 제나라의 군사들이 연나라 군사들을 격파함으로써 제나라를 위기에서 구해냈다.

연나라의 소왕은 사람을 잘 쓰고 신뢰한 덕분에 약소국으로서 강대국을 공격해 승리하는 기적을 이뤘지만, 혜왕은 의심이 너무 많아 승리를 눈앞에 두고 물러설 수밖에 없었다. 이 두 사람의 차이는 우리에게 많은 시사점을 던진다.

의심과 억측이 불러온 **불행**

의심은 작은 추측에서 시작해 눈덩이처럼 불어난다. 끊을 수 없는 악순환의 고리와도 같다. 일단 발동이 걸리면 문제는 걷잡을 수 없이 심각해진다.

어느 마을에 쌍둥이 형제가 사이좋게 살고 있었다. 어른이 되자 형제는 함께 가게를 열었고, 이윤을 공평하게 반씩 나누었다. 그러던 어느 날, 가게의 금고에서 10달러가 없어진 사건이 발생했다. 형이 10달러를 금고에 넣어두고 손님과 함께 외출을 했는데, 가게에 돌아와 보니 10달러가 없어진 것이었다. 형은 동생에게 물었다.

"금고에 있던 돈 못 봤어? 방금 넣어뒀는데……."

그러자 동생이 대답했다.

"몰라. 난 못 봤어."

없어진 돈은 겨우 10달러에 불과했지만 형은 마음 한구석이 찜찜했다. 틀림없이 동생이 그 돈을 가져갔을 거라고 의심하고 동생을 추궁했다.

"돈에 발이 달린 것도 아니고 어디로 갔겠어? 정말 네가 안 가져갔어?"

형은 목소리를 높여가며 동생에게 꼬치꼬치 캐물었고, 그 일로 인해 형제는 사이가 틀어져 각자 따로 가게를 운영하게 되었다. 가게 중간에 벽을 세워 두 개로 나눠버린 것이다. 그 뒤로 몇 년이 지났지만 형제간의 감정의 골은 더 깊어졌고, 집안 분위기도 나빠졌다.

그러던 어느 날, 웬 남자가 호화로운 자동차를 몰고 형의 가게 앞으로 왔다. 그는 가게 안에 들어와 형에게 물었다.

"여기서 얼마나 일하셨죠?"

"저는 이 가게의 주인입니다. 이 가게가 생긴 이래 줄곧 이곳에서 일했죠."

형이 대답했다. 그러자 남자가 말했다.

"실은 제가 드릴 말씀이 있어서 왔습니다. 20년 전 저는 딱히 하는 일도 없이 여기저기 떠도는 부랑자였는데, 어찌어찌하다 이 가게에 들어오게 되었었지요. 몇 날 며칠 밥 한 끼 먹지 못한 상태로요. 그 날 제가 이 가게에서 10달러를 훔쳐갔습니다. 시간이 많이 지났지만, 그날 일을 한 번도 잊은 적이 없어요. 큰 액수는 아니지만 양심에 가책을 느껴, 직접 찾아뵙고 그날의 일을 사과하고 싶었습니다."

남자의 말을 들은 형의 눈에 눈물이 그렁그렁 맺혔다. 형은 그 남자에게 말했다.

"죄송하지만 옆 가게에 가서 방금 하신 말씀을 한 번 더 해주시겠습니까?"

남자는 옆 가게에 가서 자신의 이야기를 한 번 더 들려주었다. 쏙

빼닮은 두 중년 남자는 가게 문 앞에서 서로를 얼싸안고 뜨거운 눈물을 흘렸다.

의심은 사소한 일에서 시작된다. 사람의 감정은 매우 연약해 조금만 상처를 입어도 견디기 힘들다. 그러니 주변 사람들과의 관계를 고려해 괜한 추측이나 의심을 하지 않도록 주의해야 한다.

의심이 지나치면 **자신**이 다친다

양왕은 과일을 무척 좋아했다. 그래서 전국 각지에 명을 내려 가장 맛있는 과일을 구해 바치게 했다. 그럼에도 불구하고 진귀한 과일을 못 먹게 될까봐 노심초사했고, 만약 맛있는 과일을 몰래 숨겨놓은 자가 있으면 엄벌에 처하겠다고 했다.

양왕은 자기 나라의 모든 과일을 한 번씩 맛본 후, 오나라에 사신을 보내 자기가 먹어보지 못한 과일을 구해오게 했다. 오나라 재상은 그 사신에게 오나라에서 가장 맛있는 과일은 귤이라고 말했다. 하지만 사신은 귤 같은 평범한 과일이 오나라에서 가장 맛있다는 재상의 말이 영 미덥지 않았다. 그대로 돌아가면 양왕이 크게 화를 낼 것 같아 걱정이 태산 같았다. 그 걱정을 오나라 재상에게 털어놓자, 재상은 사신이 오나라 각지를 돌며 맛있는 과일을 찾도록 배려해주었다. 사신이 오나라 사람들에게 어떤 과일이 제일 맛있느냐고 물어보니, 과연 오나라 사람들은 하나같이 귤이라고 대답했다.

사신은 오나라에서 귤을 가져다 양왕에게 바쳤다. 양왕은 오나라의 귤을 먹어보고 그 귤이 자기 나라에서 나는 귤보다 훨씬 맛있다는 것을 알았다.

"오나라의 귤은 정말 달구나. 아주 특별한 맛이야. 오나라에 이렇게 맛있는 귤이 있다면, 이 귤보다 더 맛있는 과일도 있을 것이다. 다른 나라 사람에게는 주지 않으려고 꼭꼭 숨겨놓았을 것이야."

양왕은 다시 사신을 오나라로 보내 더 맛있는 과일을 찾아오라고 했다. 다시 오나라에 간 사신은 지난번에 가지 않은 고장으로 건너갔다. 그곳에서 그는 홍귤나무를 발견했다. 홍귤을 먹어보니 맛이 너무 좋아 바로 양왕에게 가져다 바쳤다. 홍귤을 먹어본 양왕은 지난번에 먹어본 귤보다 더 맛있다고 느꼈다. 이렇게 맛있는 과일을 왜 지난번에는 가져오지 않았는지 의심스러웠다. 그래서 양왕은 또 다시 사신을 오나라로 보냈다.

사신은 오나라 전국을 떠돌았지만 더 이상 맛있는 과일을 찾지 못했다. 그만 돌아가려는 찰나, 사신은 사람들이 앞다투어 과일을 사는 모습을 보았다. 어느 과일 가게에서 향긋한 과일 향이 풍겨 나오고 있었다. 예전에는 한 번도 맡아보지 못한 향이었다.

그 과일은 노란색이었는데, 반질반질 윤이 나는 것이 마치 보석과도 같았다. 전에 그런 과일을 한 번도 본 적이 없는 사신은 신기하다고 생각하며 옆에 있는 사람에게 물었다.

"저 과일이 무엇이요?"

"향연이라 합니다. 먹을 수는 없어요. 방에 걸어놓고 향기만 맡는답니다."

옆 사람이 대답했다. 사신은 그 말을 듣고도 도통 믿질 못했다. 그는 이 소식을 가지고 양왕에게 돌아갔다.

"오나라에서 신기한 과일을 발견했습니다. 귤이나 홍귤보다 훨씬 향이 달콤하고 모양도 아름다웠습니다. 허나 그곳 사람들이 말하길 먹을 수는 없다고 합니다. 방에 걸어놓고 향기만 맡는다고 합니다."

양왕은 그 말을 듣자 버럭 화를 내며 말했다.

"뭐라고? 그렇다면 그것이 바로 내가 생각한 그 과일이 분명하다. 오나라는 가장 좋은 과일을 숨겨놓고 나에게 주지 않은 것이다. 그래서 먹을 수 없는 과일이라고 거짓말을 한 거야. 지금까지 수없이 많은 과일을 먹어봤지만, 향만 맡는 과일이 있다는 말은 도대체 들어본 적이 없다!"

양왕은 정식으로 오나라에 사신을 파견해, 공식적인 경로를 통해 향연을 구해왔다.

사신이 가져온 향연을 본 양왕은 그 달콤한 향에 취해 과연 특별한 과일이라고 생각했다. 양왕은 곧바로 향연을 한 입 베어 물었다. 다음 순간 양왕은 "아악!" 하고 고통스러운 신음 소리를 냈다. 향연이 양왕의 입에서 굴러 떨어졌다. 양왕은 얼굴을 잔뜩 찌푸리며 말했다.

"쓰다. 너무 써. 오나라가 기어이 나를 우롱하는구나."

양왕에게 혼이 난 사신은 오나라 재상을 찾아가 거칠게 항의했다.

"양국이 잘 지내려면 신의가 중요하오. 그런데 당신들 나라는 먹기 힘든 과일을 주어 우리 왕을 희롱했소. 너무하시오!"

그러자 오나라 재상이 대답했다.

"우리는 가장 맛있는 과일인 귤과 홍귤을 드렸습니다. 하지만 당신들이 믿지 않았습니다. 당신들이 잘못한 것을 어찌 우리 탓으로 돌리는 것이오?"

사신은 그 말을 듣고 꿀 먹은 벙어리가 되었다. 그는 속으로 이렇게 말했다.

'왕이시여, 의심 많은 당신 자신을 탓하십시오. 당신은 의심이 너무 많아 벌을 받은 것입니다.'

의심이 많은 사람은 웬만해서는 다른 사람에게 속지 않는다. 그러니 좋은 점도 있다. 하지만 의심이 너무 지나치면 다른 사람의 도움을 받지 못하게 되고, 심지어 자신을 도와주려 하는 사람을 잃을 수도 있다.

소태나무보다 못한 **다이아몬드**

한 시골 상인이 친구와 함께 도시로 갔다. 상인이 말했다.

"몇 년 전에 이 도시에 사는 사람이 내 목숨을 구해준 적이 있어. 이 길을 지날 때 갑자기 머리가 아팠는데, 주변에 사람이 아무도 없는 거야. 정신을 잃고 길가에 쓰러졌는데, 지나가던 사람이 나를 병원에 데려다줬어. 이 도시에서 의술이 가장 뛰어난 의사에게 치료를 받았지. 하지만 나를 구해준 그 은인이 누구인지는 몰라. 그가 이름을 말해주지 않았거든. 얼마 후 나는 이 도시를 떠났지. 그 뒤 부자가 되었지만, 나는 여기서 나를 구해준 그 은인을 잊은 적이 없어. 이번에는 꼭 은혜를 갚고 싶어."

친구가 물었다.

"그 은인을 만나면 어떻게 은혜를 갚을 건데?"

상인이 대답했다.

"다이아몬드 두 개를 주려고."

그들은 어느 여관에 머물렀다. 이튿날, 상인은 여관 문 앞에 푯말을 걸었다.

“진귀한 다이아몬드 두 개를 착한 분에게 드립니다.”

푯말 아래에는 반짝반짝 빛나는 다이아몬드 두 개가 놓여 있었다. 하지만 지나가는 사람들은 잠시 멈춰 서서 구경만 할 뿐, 가던 길을 다시 갔다.

하루가 지났지만 아무도 다이아몬드를 가져가지 않았고, 그 다음 날도 마찬가지였다. 3일이 지났는데도 다이아몬드는 주인을 찾지 못했다. 상인은 이해가 되지 않았다.

상인의 친구가 웃으며 말했다.

“내가 한번 시험해볼게. 그러면 이유를 알게 될 거야.”

친구는 소태나무 묘목을 하나 찾아 예쁜 유리 상자에 넣었다. 유리 상자 안에는 붉은 비단을 깔고, 상자 바깥에 이렇게 썼다.

‘소태나무 묘목, 2만 위안.’

곧 반응이 왔다. 사람들은 그 소태나무에 뭔가 특별한 점이 있는지 앞다투어 살펴보기 시작했다. 상인의 친구는 그들에게 말했다.

“이 소태나무는 황실에 전해오는 귀한 나무입니다. 어느 나라의 군주가 선물한 것인데, 평생 부와 명예를 누릴 수 있게 해준다는군요.”

나중에 한 부자가 이 소태나무를 사갔고, 다른 사람들은 그를 매우 부러워했다.

반짝반짝 빛나는 다이아몬드는 여전히 상인이 가지고 있었다. 사람들은 그 다이아몬드를 가짜로 여겼다. 그런데 아무렇게나 꺾은 소태나무는 높은 가격에 팔렸다.

친구가 상인에게 말했다.

“사람들은 쉽게 얻을 수 있는 물건은 의심해. 설사 가져간다고 해도 귀하게 여기지 않지. 하지만 어렵게 얻은 물건은 무척 귀하게 여겨. 이번 일도 그래. 평범한 소태나무인데도 무척 진귀한 물건이라고 생각하잖아."

우리는 의심 때문에 정확한 판단을 내리지 못한다. 의심 때문에 중요한 것을 놓치고 쓸데없는 것을 선택한다.

폐쇄적인 태도와 한계 설정

커잘린은 이런 말을 했다.

"자신을 폐쇄하면 비바람을 피할 수는 있지만 햇빛은 들어오지 않는다."

반대로 마음을 열고 햇빛을 받아들이는 사람은 절대로 자기 자신을 폐쇄하지 않는다. 빛처럼 밝은 마음을 가진 사람은 설령 실의에 빠지더라도 스스로를 일으켜 세워 방향을 잃지 않고 전진한다.

자신의 가치를 정확히 가늠하고 스스로 더욱 가치를 발할 수 있도록 노력하는 것이야말로 삶에 대한 긍정적인 자세다. 이런 자세를 가지면 우리의 삶은 헛되이 지나가지 않고 매 순간 의미 있는 일들로 채워질 것이다.

'하늘은 스스로 돕는 자를 돕는다'는 말이 있다. 편협한 사고와 마음가짐은 전진하고자 하는 의지를 꺾는 장애물이다. 대부분의 경우 실패는 환경 때문이기보다는 스스로 설정한 한계 때문일 때가 많다. 스스로 정해놓은 한계 때문에 포부가 줄어들고, 멀리 내다보지 못해 일을 그르친다. 이런 사람들은 천성적으로 실패자다. 스스로를 가두고 스스로에게 한계를 부여하기 때문에 쉽게 정신적 빈곤과 공황에 빠진다.

마음의 문을 활짝 열어라

한 청년이 스스로를 틀에 가둔 채 고통스럽게 살아가고 있었다. 그는 주변 사람들과 자기 주변에서 벌어지는 일들에 실망하고 괴로워하며, 세상에는 자신이 즐거워할 만한 것이 아무것도 없다고 생각했다. 그래서 하루 종일 방 안에 틀어박힌 채 외부와의 접촉을 거의 단절했다. 물론 그런 삶은 그가 원하던 것은 아니었다. 그도 다른 사람들처럼 평범하게, 즐겁게 살고 싶었다. 자기의 생각을 자신감 있게 말하고 싶었고, 좋아하는 사람과 달콤한 연애도 하고 싶었다. 그래서 친한 친구에게 도움을 청했다.

"나를 이 고통스러운 삶에서 좀 구해줘."

그러자 친구가 말했다.

"여기서 멀리 떨어진 곳에 성당이 하나 있는데, 거기에 정말 훌륭한 신부님이 계셔. 네가 어떻게 하면 좋을지 그분께 한번 여쭤봐."

그는 친구의 권유에 따라 산 넘고 물 건너 천신만고 끝에 신부를 찾아갔다. 성당 안으로 들어서기 전에 그는 굉장히 예쁜 회전문을 보았다. 그는 그 문을 가볍게 밀었다. 회전문이 돌아갔고, 바로 앞에 신부가 서 있었다. 신부는 모든 것을 꿰뚫어보는 눈빛으로 찬찬히 그를 바라보고 있었다.

청년은 예수상 앞에 경건하게 무릎을 꿇고 앉았다. 그리고 간곡한 목소리로 신부에게 말했다.

"자비로우신 신부님, 행복으로 가는 길을 저에게 안내해주십시오. 저 혼자의 힘으로는 이 고통에서 빠져나올 수가 없습니다."

신부가 그에게 가까이 다가오더니 말했다.

"답은 당신이 방금 밀고 들어온 문에 있습니다."

그는 회전문을 돌아다보았다. 회전문은 천천히 돌고 있었고, 사람들이 그 문을 통해 들어왔다 나갔다 하고 있었다. 한 사람이 들어오고, 한 사람이 나가고…… 그렇지만 사람들은 오고가는 데 서로 아무런 방해도 받지 않았다.

그는 그 광경을 보면서도 신부의 뜻을 헤아리지 못했다. 그래서 다시 물었다.

"신부님, 아무래도 제가 너무 어리석은가 봅니다. 신부님의 말씀이 잘 이해되지 않습니다."

그러자 신부가 미소를 지으며 말했다.

"저 회전문은 우리 마음의 문입니다. 사람들은 모두 이렇게 생긴 마음의 문을 가지고 있지요. 저마다 다른 재료로 만들어졌을 뿐입니다. 마음의 문에 빗장을 채운 사람은 오랫동안 암흑 속에서 빠져나오지 못하고 바깥의 찬란한 태양을 볼 수 없습니다. 암흑 속에서 빠져나오는 유일한 방법은 바로 문을 여는 것입니다. 당신 스스로 그 문의 주인이 되어보세요. 하지만 그 빗장은 당신 자신만이 열 수 있습니다. 당신 마음의 문에 빗장을 채운 사람은 바로 당신 자신이니까요."

신부는 말을 이어나갔다.

"어떤 사람은 유리로 된 회전문을 가지고 있지요. 성공할 때나 실패할 때나, 슬플 때나 기쁠 때나 마음의 문을 계속 회전시킵니다. 실패와 쓰디쓴 고통을 밖으로 밀어내고, 희망과 즐거움을 안으로 가지고 들어오는 것이죠. 그 속에서 다시 희망을 찾고 삶의 더 큰 무대로 나아가는 것입니다. 하지만 자기 자신을 가두어놓는 사람은 절대로 그럴 수가 없어요."

청년은 성당의 회전문을 빠져나왔다. 이후 그의 삶은 달라졌다.

사람들의 인생은 모두 아름답다. 우리는 절대 마음의 문에 빗장을 걸어두어서는 안 된다. 마음의 문에 빗장을 굳게 걸어두면 그 다음에 어떻게 될지 쉽게 짐작할 수 있을 것이다. 인간이 인간다운 것은 자신의 운명을 스스로 개척하고 어떻게 살아갈지 스스로 결정할 수 있기 때문이다. 지금 당신은 어떤 마음의 문으로 햇빛을 받아들이고 있는가?

낡은 생각을 깨라

미국의 한 교수가 이런 말을 했다.

“사람의 생명이 소중한 것은 사람이 창조한 가치가 무한하기 때문이다. 사람이 어떤 가치를 만들어내는가 하는 것은 그 사람 자신에게 달려 있다.”

젊은 사진작가가 가족들을 데리고 해변으로 휴가를 떠났다. 직업적 특성상 그는 사소하게 지나칠 수 있는 삶의 장면들을 의미 깊게 생각하며 유심히 관찰했다. 며칠 뒤, 사진작가는 늙은 어부가 매일 저녁 같은 장소에서 고기를 잡고 있다는 것을 알았다. 그 물 속에 잡힌 고기만으로도 그 해변에 사는 어종이 얼마나 다양한가를 알 수 있었다. 또한 늙은 어부의 고기 잡는 솜씨가 매우 좋다는 사실도 알 수 있었다.

그러나 이상한 점이 하나 있었다. 늙은 어부가 자신이 잡은 물고기 중 큰 물고기는 바다로 돌려보내고 작은 물고기만 남겨놓는 것이었다. 며칠 동안 지켜본 끝에 사진작가는 어부가 매일 같은 행동을 하고 있음을 알았고, 그 이유가 너무 궁금해 어부를 찾아가 물어보기로 했다.

저녁 식사 후, 사진작가는 여느 때처럼 해변을 산책하지 않고 어부가 늘 고기를 잡는 곳에 가서 어부를 기다렸다. 어부는 여느 때와 다름없이 해변으로 나와 그물을 던졌다. 그러고는 허리를 구부리고, 늘 그랬듯이 그물 속에 걸린 물고기 중 비교적 큰 물고기들을 다시 바다로 돌려보냈다.

사진작가가 그에게 다가가 물었다.

"어르신, 힘들게 잡은 물고기를 왜 바다에 돌려보내시는 거죠? 게다가 작은 물고기는 돌려보내지 않고 큰 물고기만 돌려보내시는 이유가 뭔지 정말 궁금합니다."

어부는 별것을 다 묻는다는 표정으로 그를 쳐다본 후 조용히 말했다.

"그게 뭐가 이상하다는 거요? 우리 집에서 쓰는 냄비가 작아서 큰 물고기는 냄비 속에 푹 잠기질 않아요. 그래서 큰 물고기는 놓아주는 거요."

사진작가는 어부의 행동에 뭔가 특별한 의미가 있을 거라고 생각했었다. 이런 대답이 나오리라고는 꿈에도 생각하지 못했다. 아무리 생각해도 납득이 되지 않는 대답이었다. 그래서 그는 다시 물었다.

"그럼 냄비를 큰 것으로 바꾸면 되지 않습니까? 그러면 매일 크고 맛있는 생선요리를 드실 수 있잖아요."

그의 말을 들은 어부는 짐짓 놀란 표정을 지었다.

"그게 어디 그렇게 쉬운 일이요? 우리 집 냄비는 아궁이와 크기가 딱 맞단 말이오. 아궁이 크기는 작은데 냄비가 너무 크면 요리가 잘되겠소?"

사진작가는 그제야 어부의 말이 납득되었다. 그래서 말했다.

"문제의 해결 방법을 드디어 찾았네요. 아궁이를 다시 만들고 좀 더 큰 냄비로 바꾸면 되겠습니다. 그러면 어르신께서 매일 큰 물고기만 골라 바다로 돌려보내실 필요가 없지 않겠습니까?"

하지만 이 말에 대한 어부의 대답이 사진작가를 놀라게 만들었다. 어부는 이렇게 말했다.

"우리 집 아궁이는 우리 할아버지가 우리 아버지에게, 그리고 우리 아버지가 나에게 물려주신 것이오. 나는 그 아궁이를 이용해 밥을 짓고 음식 만드는 법을 배웠지. 아궁이를 새로운 것으로 바꿀 생각은 단 한 번도 해본 적이 없소. 물론 다른 아궁이로 바꿀 수는 있겠지만, 그것으로 내가 밥을 짓기는 힘들 거요. 그 아궁이로 밥 짓는 법은 배우지 못했으니 말이오."

우리는 물건이 낡으면 새것보다 못하다고 여기고, 옷이 오래 되면 아무리 깨끗하고 모양이 멀쩡해도 시대에 뒤졌다고 단정 짓기 일쑤다. 기계가 낡으면 수리를 해서 고칠 수 있는데도 새 기계보다 효율이 떨어진다고 여긴다. 물건은 마음만 먹으면 새것으로 바꿀 수 있다. 하지만 생각이 고루해지고 틀에 박히기 시작하면 바꾸기가 힘들다. 생각이 사람의 삶을 좌우한다.

정해진 **행동반경**을 벗어나라

화목한 가정에서 태어나 어릴 때부터 좋은 교육을 받고 자란 소년이 있었다. 소년의 부모는 아들이 음악적 재능이 뛰어나다는 것을 알고, 유명한 피아노 선생에게 아들의 지도를 부탁했다. 피아노 선생은 소년을 굉장히 좋아했다. 소년은 똑똑하고 영특했으며, 이해력도 탁월해 또래 아이들이 습득하지 못하는 힘든 주법도 쉽게 습득했다.

선생이 소년을 지도한 지 몇 주 후 소년은 악곡을 이해하게 되었고, 다시 몇 주가 흐르자 난이도 높은 곡들을 소화해냈다. 소년의 실력은 하루가 다르게 향상되어갔고, 소년의 부모는 집에 손님이 올 때마다 아들의 연주를 보여주었다.

피아노 선생은 소년의 예술적 재능과 잠재력이 풍부하다고 생각했다. 좀 더 강도 높게 연습을 시키면 대가가 될 거라고 확신했다. 그래서 소년에게 더 어려운 곡을 가르쳐주었지만, 소년은 곡이 너무 어렵다며 연습하기를 꺼렸다. 그런 줄도 모르고 부모는 아들의 피아노 실력이 이미 뛰어나니 더 이상 어려운 곡을 연습할 필요가 없다고 생각했다. 소년은 매일 가벼운 곡만 연습했고, 그 뒤로는 매일 피아노를 치지 않았다. 이미 충분히 알고 있는 곡이고 언제든 쉽게 칠 수 있었기 때문이다.

잠재력이 무궁무진한 학생이 평범한 곡만 연주하고 있으니, 피아노 선생은 안타깝기 그지없었다. 하지만 소년과 부모를 어떻게 설득해야 할지 난감했다.

얼마 후 시에서 피아노 콩쿠르를 개최했고, 소년도 콩쿠르에 참가했지만 1차 예선에서 탈락했다. 콩쿠르가 끝난 후 피아노 선생은 소년의 집을 찾아갔다. 선생은 다른 학생들의 성적에 대해 말하지 않았고, 소년을 위로하지도 않았다. 대신 소년과 부모에게 이야기 하나를 들려주었다.

"어느 연구원이 이리저리 날뛰는 벼룩을 비커에 넣고 실험을 했습니다. 연구원은 먼저 비커 위에 투명한 유리막을 덮었죠. 유리막은 비커 입구에 딱 맞았어요. 처음에 벼룩은 혼신의 힘을 다해 위로 뛰어올랐지요. 하지만 유리막에 자꾸 부딪혀 상처가 났습니다. 몇 번 똑같은 일을 겪으면서 벼룩은 아무리 뛰어올라도 유리막 바깥으로 나갈 수 없다는 것을 알게 되었죠. 그즈음 연구원은 유리막을 조금 아래로 내렸습니다. 이전과 똑같은 상황이 벌어졌어요. 처음에 벼룩은 탈출하기 위해 열심히 뛰어올랐지만, 몇 번을 부딪힌 뒤에는 유리막이 있는 곳까지 올라가지 않았어요. 연구원은 유리막의 높이를 계속 조금씩 내렸습니다. 그리고 마지막으로 유리막을 완전히 치워버렸어요. 하지만 벼룩은 여전히 비커 밖으로 나가지 못했죠. 비커 입구에 아무런 장애물이 없는데도 습관처럼 같은 높이로만 뛰었던 거예요."

피아노 선생은 소년을 보며 말했다.

"벼룩은 생명력이 강해 극한의 한계까지 도전할 수 있지만, 실험을 몇 차례 하면서 뛸 수 있는 높이가 딱 그만큼으로 정해져 버렸단다. 우리의 삶도 그래. 일단 한계를 정해버리면 딱 그만큼만 성장하게 되는 거야. 네 피아노 실력처럼……."

피아노 선생은 소년에게 전문 음악학교에 가서 피아노를 전문적으로 공부해보면 어떻겠느냐고 권했다. 훗날 소년은 유명한 피아니스트가 되었다.

자기 자신을 일정한 틀에 고정시키는 바람에 스스로의 한계를 용감하게 뛰어넘지 못하는 사람들이 있다. 스스로 자신의 내부와 외부에 제약을 만들었기 때문이다. 만일 당신이 지금보다 더 성장하고 싶다면, 의식적으로 길들여진 습관과 사고방식을 과감히 극복해야 한다. 그러면 당신이 생각하는 이상으로 성장할 수 있을 것이다.

틀에 박힌 생각은 성공의 **걸림돌**

아버지와 여섯 살배기 아들이 함께 게임을 하고 있었다. 아버지는 아들에게 재미있는 문제를 내며 아들의 아이큐를 테스트해보았다.

'탁자에는 모서리가 네 개 있지? 그중 하나가 없어지면 몇 개가 남을까?"

아들은 문제가 너무 쉽다는 말투로 대답했다.

"세 개요."

물론 아버지가 예상한 대답이었다. 아버지는 껄껄 웃으며 되물었다.

"정말? 내가 볼 때는 다섯 개 같은데?"

아들은 아버지의 말이 이해되지 않았다. 그래서 유치원에서 배운 대로 설명했다.

"보세요. 4에서 1을 빼면 3이잖아요."

아버지는 아들이 그렇게 대답하리라는 것을 잘 알고 있었다. 아버지가 정사각형 종이를 하나 가져와서는 한쪽 모서리를 가위로 잘라냈다.

그리고 말했다.

"이 종이가 탁자라고 생각해봐. 지금 모서리 하나를 잘라냈지? 자, 세어봐. 모서리가 몇 개지?"

비록 여섯 살이었지만 아들은 바보가 아니었고, 아버지가 하고 싶은 말이 무엇인지를 알았다.

그래서 웃으며 대답했다.

"맞아요, 그렇게 하면 모서리가 다섯 개죠. 그런데 왜 그렇게 자른 거예요?"

아들은 아버지 손에 들린 종이와 가위를 받아 들더니 종이의 대각선을 따라 가위질을 했다. 그러고는 의기양양한 표정으로 아버지에게 물었다.

"이렇게 자르면 모서리가 세 개죠?"

아버지는 아들이 그렇게 나올 거라고는 상상도 못 했다는 표정을 지었다. 방금 전까지 의기양양하던 모습은 사라지고 금세 꿀 먹은 벙어리가 되었다. 그러더니 천천히 말을 이었다.

"정말 영리하구나, 내 아들. 그럼 다른 가능성은 없을지 생각해 볼까?"

아들은 삼각형의 세 모서리를 가위로 잘라내고 이렇게 말했다.

"이제 모서리가 네 개 남았어요."

또다시 네 개의 모서리를 가진 탁자의 모습이 된 것이다.

대부분의 사람들은 자기만의 방법으로 어떤 문제의 해답을 찾는다. 하지만 그렇게 하면 나를 하나의 틀에 구속시키게 된다. 생각과 실천은 문제의 해결책을 찾는 유일한 방법이다. 그러므로 다양하게 생각하고 정형화된 틀에서 벗어나 용감하게 실천에 옮기면 더 많은 가능성들을 발견할 수 있다.

기존의 관점을 버리고 **더 멀리** 내다보라

미국의 어느 방송국 촬영팀이 중국 농민의 삶을 담은 다큐멘터리를 제작하기 위해 중국에 와 감나무 숲을 촬영하기 시작했다. 그들은 감나무 숲 책임자인 중년의 농부를 찾아가서 부탁했다.

"열매가 가장 많이 열리고 잘 익은 감나무를 사고 싶습니다. 그리고 그 나무에 열린 감을 따서 저장하는 과정 좀 보여주세요. 그렇게 해주시면 감 1천 개당 160위안을 드리겠습니다."

농부는 매우 기뻐하며 흔쾌히 동의했고, 도와줄 사람을 찾았다. 한 사람이 감나무 위에 올라가 갈고리처럼 구부러진 긴 막대기로 잘 익은 감을 툭툭 쳐 떨어뜨렸다. 다른 사람은 나무 아래에서 기다리고 있다가 떨어진 감을 주워 광주리에 담았다. 감나무에서 감이 계속 떨어지자, 아래에 있던 사람은 감을 얼른 주워 담은 후 나무 위의 사람에게 신호를 보냈다. 이 모든 장면이 촬영팀의 카메라에 고스란히 담겼다. 이어서 두 사람은 감을 저장하는 과정을 시연했고, 이 장면 역시 하나도 빠짐없이 촬영되었다. 모든 일이 끝난 후, 촬영팀은 약속대로 돈을 지불했다. 촬영팀이 떠나려고 할 때, 농부가 그들을 가로막으며 물었다.

"감을 사놓고 왜 안 가져가세요?"

그러자 촬영팀 책임자가 대답했다.

"너무 많아서 가져가기 힘들어요. 또 굳이 가져갈 필요도 없습니다. 우리는 목적을 이미 달성했으니까요. 감은 여러분이 알아서 처리하면 됩니다."

그러자 농부가 말했다.

"이 감을 무시하지 마세요. 맛이 정말 끝내 줍니다."

촬영팀은 미소를 지으며 중국 농부들을 무시하는 것은 절대 아니라고 해명했다. 농부는 마침내 이해한 듯 고개를 끄덕이며 그들을 놓아주었다. 멀어져 가는 촬영팀을 보면서 농부는 안타깝다는 듯이 중얼거렸다.

"세상에, 저런 바보들이 어디 있어!"

농부는 감 1천여 개를 시장에 내다 팔았다.

농부는 자신이 감을 따고 저장하는 모습이 담긴 다큐멘터리가 미국에서 훨씬 높은 가격에 팔릴 거라는 사실은 모르고 있었다. 미국인들 눈에 가치 있는 것은 감이 아니라 감을 따는 기술과 저장하는 방식이라는 것을 모르고 있었다. 감은 시장에 한 번 내다 팔면 끝이지만, 정보는 수천 번 되풀이해 팔 수 있다는 것을 전혀 알지 못했던 것이다. 중국인 농부와 미국 방송국의 이익 차이는 하늘과 땅 차이였다. 농부는 자신이 세상 물정에 어둡다는 것은 모른 채 미국인 촬영팀을 비웃은 것이다.

'적은 돈은 사람을 똑똑하게 만들고, 많은 돈은 사람을 어리석게 만든다'는 영국 속담이 있다. 눈앞의 이해득실만 따지면 큰 이익은 멀리 사라져버린다. 많은 사람들이 사소한 것에 목숨을 걸고 하나하나 꼬치꼬치 따지지만 결국은 가난하게 살다 간다. 그러므로 좀 더 멀리 내다볼 필요가 있다.

문제의 **다른 면**을 **발견**하라

많은 사람들이 눈앞의 이해득실에만 목숨을 걸 뿐, 정작 중요한 문제들은 놓치기 일쑤다. '참깨 때문에 수박을 버리듯' 작은 것 때문에 더 중요한 것을 놓치는 것이다. 우리는 흔히 한 가지 관점으로 문제를 분석하곤 하는데, 그렇게 하면 오류가 생기고 생각을 더 이상 발전시키지 못한다.

나라를 잘 다스리는 왕이 있었다. 그는 시시때때로 궁궐 밖에 나가 백성들을 살폈다. 그가 통치하는 동안 국가는 태평하고 민생은 안정되어 나라가 계속 번창했다. 그 왕에게는 능력이 출중한 승상이 있었다. 왕은 중요한 모든 일을 승상과 논의했다. 하루는 큰비가 내려 궁궐 밖 시찰을 할 수가 없게 되었다. 왕은 승상에게 물었다.

"큰비가 내리는 것이 좋은 일이오?"

"좋은 일입니다. 큰비가 내리면 거리가 깨끗해지고 공기가 맑아집니다. 전하께서도 맑은 날의 아름다운 풍경을 감상하실 수 있고, 백성들의 생활을 더 자세히 들여다보실 수 있습니다."

승상이 대답했다. 왕은 그 말을 듣고 크게 기뻐했다.

며칠 후, 왕이 시찰을 하려는데 갑자기 날이 너무 더워졌다. 궁궐 밖으로 나가기도 전에 온몸이 땀으로 흠뻑 젖었다. 왕이 승상에게 다시 물었다.

"이런 날씨에 궐 밖으로 나가는 것이 좋은 일이오?"

승상은 곧바로 대답했다.

"좋습니다. 이런 날씨는 극히 드뭅니다. 전하께서는 이번 시찰을 통해 백성들이 이렇게 더운 날씨에 무엇을 하는지 아실 수 있을 것입니다."

왕은 승상의 말이 일리가 있다고 생각해 기쁜 마음으로 출궁했다.

왕과 승상은 둘 다 사냥을 즐겼다. 그래서 왕은 사냥을 나갈 때마다 승상과 함께 갔다. 어느 날 왕이 사냥 도구를 점검하다 실수로 엄지손가락을 베였다. 손가락에서 피가 철철 흘러내렸다. 왕은 상처 난 곳을 급히 지혈하고 승상에게 말했다.

"내 엄지가 심하게 베인 것 같소."

그러자 승상이 말했다.

"좋은 일입니다, 전하."

왕은 승상의 말을 듣고 화가 났다. 승상이 자신의 화를 고소해한다고 생각했던 것이다. 왕은 곧바로 승상을 감옥에 가두라고 명했다. 왕은 감옥으로 승상을 만나러 가 화를 내며 물었다.

"승상은 지금 감옥에 갇혀 있소. 어떻소, 아직도 좋소?"

"좋습니다, 전하."

승상이 잘못을 인정하고 용서를 빌면 풀어줄 생각이었던 국왕은 그 말을 듣자 더욱 화가 났다.

"그렇게 생각한다면야 할 수 없지. 며칠 더 여기에 있으시오."

왕은 이렇게 말한 뒤 그 자리를 훌쩍 떠나버렸다.

며칠 후, 왕은 사냥이 너무 하고 싶었지만 승상이 감옥에 있었으므로 다른 사람을 데리고 사냥을 갔다. 평소에는 숲속의 지리를 잘 아는 승상이 길안내를 했고, 매번 많은 사냥감을 획득해 득의양양하게 돌아오곤 했다. 하지만 이번에는 달랐다. 숲속에서 반나절을 헤맸지만 아무것도 잡지 못했다. 왕은 짜증이 잔뜩 난 채 말을 타고 사냥감을 찾아 사방을 헤맸다. 날이 어두워지자 왕도 지쳤다. 그리고 길을 잃었음을 깨달았다. 숲에서 출구를 찾아 헤매던 왕은 사냥감을 포획하기 위해 파놓은 함정에 빠져버렸다. 함정이 너무 깊어서 빠져나올 수가 없었다. 그는 큰 소리로 누구 없느냐고, 살려달라고 외쳤다.

그 순간 황급히 움직이는 발소리가 났다. 왕은 누군가 자신을 구하러 왔다는 생각에 기뻐하며 큰 소리로 "나 여기 있네!" 하고 외쳤다. 누군가 그를 함정 밖으로 끌어올려 줬다. 하지만 함정 밖으로 나온 왕은 자신을 구해준 사람이 이웃 나라의 식인족이라는 사실을 알았다. 그들은 왕을 자기들의 부락으로 데리고 가 잡아먹을 준비를 했다. 왕은 나무통에 몸이 묶인 채 옴짝달싹 못했다. 발밑에는 장작더미가 쌓여 있었다. 아무리 발버둥쳐도 소용없었다. 왕은 기적이 일어나기만을 조용히 기다렸다.

의식이 시작되고, 족장이 식인족들을 모두 앉혔다. 무당이 제사를 지내기 시작했다. 왕의 손을 깨끗이 씻으려 할 때 무당은 탄식했다.

사람들은 의아해하며 무당을 바라보았다. 무당이 말했다.

"우리는 몸에 상처가 없는 동물만 먹는데, 이 동물은 그렇지 못하구나. 엄지손가락에 상처가 있어."

족장이 왕의 손을 살펴보니, 과연 손가락에 상처가 있었다. 족장은 왕을 풀어주었다. 기사회생한 왕은 너무나 감격했다. 왕은 궁궐로 돌아오자마자 바로 감옥으로 뛰어갔다. 승상을 본 왕은 울음을 터뜨렸다.

"자네가 왜 내 엄지손가락이 베인 것이 좋은 일이라고 했는지 이제야 알겠네. 내가 잘못했네. 하지만 내가 자네를 열흘이나 감옥에 가둔 것에 대해서는 어떻게 생각하나?"

승상이 대답했다.

"전하, 만일 전하께서 저를 감옥에 가두지 않으셨다면 분명 제가 전하를 모시고 사냥을 갔을 것입니다. 그러면 우리 둘 다 식인족에게 붙잡혔겠지요. 전하께서는 상처 때문에 살아남으셨겠지만, 저는 죽은 목숨일 겁니다."

그제야 왕은 모든 일에는 동전의 양면처럼 좋은 면도 있고 나쁜 면도 있다는 것을, 자신이 어떤 시각으로 보느냐에 따라 좋고 나쁨이 갈린다는 것을 깨달았다.

살다가 곤경에 처하면 '하늘이 무너져도 솟아날 구멍은 있다'는 속담을 명심해야 한다. 위기와 재난도 결국 다 지나간다. 반대로 좋은 일이 생기거나 큰 이익을 얻었을 때도 자만하지 말고 침착해야 한다. 아무리 어려운 문제가 생겨도 늘 지혜를 발휘해야 한다. 문제의 본질을 꿰뚫어볼 줄 아는 사람만이 위기를 기회로 바꿀 수 있다.

마음의 족쇄를
풀어라

올림픽 장대높이뛰기 금메달리스트인 세르게이 부브카는 세계 신기록만 35차례나 경신했다. 그중 두 개의 기록은 지금까지도 깨지지 않고 있다.

'장대높이뛰기의 황제'라 불리는 그는 스포츠계의 전설적인 인물로 남아 있다.

메달 수여식에서 기자들이 그에게 질문했다.

"당신의 성공 비결은 무엇인가요?"

그러자 부브카는 웃으며 대답했다.

"간단합니다. 장대높이뛰기를 하기 전에 '이미 넘었다'고 자기 최면을 거는 거지요."

부브카는 한 시대를 풍미한 선수로서 오랫동안 높이를 올려가며 계속 도전했지만, 어느 순간 슬럼프에 빠졌다. 그래서 의기소침해졌고, 어느새 자신의 능력을 의심하기 시작했다.

하루는 부브카가 훈련장에서 코치에게 다가가 힘없는 목소리로 말했다.

"이젠 더 이상 못 넘을 것 같아요."

그러자 코치는 목소리의 변화 없이 조용히 말했다.

"그렇게 생각하나?"

부브카는 솔직히 대답했다.

"넘으려고 마음먹으면 넘을 수 있을 것도 같은데, 높이 서 있는 바를 보면 너무 무섭습니다."

그러자 코치가 그를 보더니 갑자기 화난 목소리로 말했다.

"세르게이, 지금 자네가 할 일은 '넘을 수 있다'는 확신을 갖는 것이네. 눈을 감고 '나는 할 수 있다'라고 자기 최면을 걸어. 그런 다음에 넘어봐."

코치의 조언을 들은 부브카는 꿈에서 깨어난 것 같았다. 그는 코치가 시킨 대로 다시 장대를 들었다. 코치의 말대로 하자 놀랍게도 쉽게 바를 넘을 수 있었다.

코치는 기쁜 표정으로 미소를 지었다.

"기억해두게. 항상 '나는 넘을 수 있다'고 생각하면 돼. 그러면 자네의 몸은 이미 바를 넘어가 있을 거야."

심리적 장애물을 넘으면 나 자신을 넘어설 수 있다. 만일 의지가 꺾인다면 스스로 극복해야 한다.

유명한 철강왕 카네기는 늘 자기 최면을 걸었다. '나는 이길 수 있다. 나는 반드시 이길 것이다.' 그 결과 그는 정말로 이겼다. 이것은 유심론이 아니라 심리적인 자기 암시이며 스스로를 다독이는 행동이다.

심리적 족쇄를 풀면 새로운 발전이 우리를 기다리고 있다. 성공과 실패는 생각의 차이에서 갈린다. 중요한 것은 그 생각의 차이를 만들어내는 우리의 용기이다.

극단적인 생각과 충동

주관이 뚜렷하고 주변 사람들의 말에 부화뇌동하지 않는 뚝심 있는 자세는 칭찬받을 만하다. 하지만 자기 의견을 지나치게 주장하거나, 극단적인 생각으로 몰고 가지는 말아야 한다.

사람을 대할 때나 일을 할 때 늘 합리적인 기준을 지켜야 한다. 우물 안 개구리처럼 자기 생각만 옳다고 여기고 죽을 때까지 그 고집을 꺾지 않는다면 참 불행한 인생을 살아가게 될 것이다. 이런 자세를 고치지 않으면 삶의 나락으로 떨어져 영영 헤어 나오지 못할 수도 있다.

극단적인 생각은 **판단**을 그르친다

어느 아름다운 아가씨가 지금 사귀고 있는 남자친구와 결혼을 해야 할지 말아야 할지 고민된다고 심리학 교수에게 털어놓았다. 교수는 남자친구가 어떤 사람인지 간단하게 설명해달라고 했다.

아가씨가 말했다.

"그는 정말 완벽한 사람이에요. 제가 꿈꾸던 이상적인 배우자감이고요. 그 사람은 제가 필요로 하는 모든 것을 갖추고 있어요. 전 저 자신보다 그를 더 사랑해요!"

심리학 교수는 그녀의 이야기를 통해 그녀가 편집적 사고를 가지고 있다는 것을 알 수 있었다. 100% 완벽한 사람은 이 세상에 존재하지 않기 때문이다. 심리학자이자 카운슬러인 교수는 그녀가 말하는 것처럼 이상적인 사람은 없다고 생각한다고, 나중에 상대에게 실망하거나, 분노를 느끼거나, 속았다고 생각할 수도 있다고 말했다. 그러므로 지금 상황에서는 결혼을 별로 권하고 싶지 않다고 했다.

그녀가 지금 결혼해서는 안 되는 이유를 찾을 수 있도록 교수는 아무것도 적혀 있지 않은 백지 한 장을 꺼내 반으로 접었다. 그리고 종이의 양쪽에 각각 남자친구의 장점과 단점을 써보라고 했다. 불과 몇 분 만에 그녀는 남자친구의 장점을 50개 넘게 써 내려갔다. 교수는 그녀에게 남자친구의 단점도 써보라고 했다. 그러자 그녀는 신경질적인 목소리로 말했다.

"그의 단점이 장점만큼 많다면 참을 수 없을 것 같아요. 더 이상 그를 사랑할 수 없을 거예요!"

교수가 말했다.

"내 생각에 당신은 남자친구에 대해 제대로 보지 못하는 것 같아요. 당신이 그의 모습을 제대로 보지 못한다면, 설령 그와 결혼한다 해도 이내 현실을 깨닫게 될 겁니다."

교수의 권유로 그녀는 남자친구의 장점과 단점을 동시에 생각하고 비교해보기로 했다. 그녀로서는 대단한 도전이었다. 시간이 많이 걸렸지만 그녀는 남자친구의 긍정적인 면과 부정적인 면을 모두 생각해보려고 애썼다. 종이 한 장이 가득 찼을 즈음, 그녀의 눈에는 눈물이 그렁그렁해졌다.

"저는 제가 싫어하는 그의 모습을 보지 않으려고 했던 것 같아요. 그냥 무시하거나 시간이 지나면 좋아질 거라 생각하고 넘어갔죠. 그의 긍정적인 면과 부정적인 면을 다 적고 나니 비로소 그에 대해 제대로 이해하기 시작했다는 느낌이 들어요."

교수는 그녀에게 '장점'란을 찬찬히 살펴보게 한 뒤 자신과 남자친구 사이에 비슷한 부분이 있는지 생각해보라고 했다. 그것을 생각해보고 그녀는 자기가 예전만큼 남자친구를 원하지 않는다는 것을 깨달았다. 그녀는 비로소 자신의 마음을 알게 되었던 것이다. 그녀가 남자친구를 사랑한 것은 자신이 갖고 있지 않은 장점들을 남자 친구가 많이 갖고 있어서였다. 하지만 곰곰이 생각해보니 그녀 역시 많은 장점들을 갖고 있었다.

그녀는 심리적 장애를 극복했으며, 행복에 겨워 뜨거운 눈물을 흘렸다.

"이제야 알 것 같아요. 저는 그 사람 없이도 살 수 있어요. 그에게 제가 좋아하지 않는 부분들이 있다는 것도 깨달았어요. 하지만 저는 정말 그를 사랑해요."

우리는 극단적인 생각 때문에 문제를 볼 때 편협한 시각과 태도를 갖게 된다. 또한 극단적인 생각 때문에 주변 사람들과 일을 객관적으로 평가하지 못하기도 한다. 이렇게 되면 실수나 오해가 생길 수밖에 없다. 그러므로 어떤 문제를 대할 때에는 반드시 극단적인 생각에서 벗어나야 하고, 감정적으로 일 처리를 하지 않도록 해야 한다. 다른 사람들의 소중한 의견에도 귀를 기울여 객관적인 시각을 확보해야 한다.

편집적 사고를 피하라

자신감이 철철 넘치는 사람도, 남의 이야기를 절대 듣지 않는 고집쟁이도 모두 자만에 빠져 제자리걸음만 한다. 자신감이 너무 넘치면 편집적 사고를 갖게 되고, 편집적 사고를 가진 사람은 문제를 정확하게 직시하지 못하고 해결하지도 못한다. 자기는 뭐든 다 알고, 뭐든 이해하고 있다고 자신하지만, 실제로 아는 것은 그다지 많지 않기 때문이다.

과거 컴퓨터 업계의 거물이었던 왕안은 자기 생각만 옳다고 믿고 고집을 부린 탓에 업계에서 소리 소문 없이 사라졌다.

왕안은 1951년에 작은 전자회사를 차렸다. 주력 제품은 자신이 발명한 전자기록 칩을 사용하는 특수한 전산설비인 EMR(전자의무기록)이었다. 1955년, 그는 정식으로 왕안 컴퓨터 회사를 설립하고 CEO와 CFO를 겸임했다.

초기에 왕안은 컴퓨터 컨설팅 업무에 주력했고, 전자기록 칩 기술 개발에 매진했다. 1956년, 왕안은 전자기록 칩 기술을 IBM에 팔아 50만 달러의 이윤을 남겼다. 그는 그 돈으로 신제품 개발에 투자했다.

2년 후, 왕안은 디지털 제어 장치를 성공적으로 개발했다. 어느 재력가가 이 제품을 눈여겨보고 10만 달러를 투자해 새로운 프로젝트 개발을 지원했다. 얼마 후, 왕안의 회사는 컴퓨터 식자 시스템, 프로그래머블 캘큘레이터programmable calculator와 마그네틱 펄스 제어기기 등 신제품을 개발했고, 이들 제품은 컴퓨터의 소형화에 큰 공헌을 했다.

당시 왕안이 개발한 신제품들은 사람들에게 잘 알려지지 않았다. 왕안은 제품을 홍보하기 위해 전화, 우편, 방문 등 다양한 판촉활동을 했고, 수십 년이 지난 뒤 마침내 업계와 고객들의 인정을 받았다. 왕안의 컴퓨터 회사는 탄탄한 기업으로 성장했다. 1980년대까지 판매액이 24억 달러에 이르렀다.

왕안은 회사 규모를 좀 더 확장하기 위해 인수합병을 시작했다. 1982년 미국 위성 시스템 회사의 주식을 일부 매입하는 것을 시작으로, 많은 회사를 인수하고 주식을 사들였다. 전 세계 103개 국가에 자회사가 있었고, 직원이 3만 명에 달했다. 왕안은 부와 명예를 모두 거머쥐었다. 그의 개인 자산은 20억 달러를 넘어 미국에서 5위를 차지했다. 동시에 미국 '명예의 전당'에도 올라 에디슨과 같은 영예를 누렸다. 하지만 사업 규모가 정점에 도달했을 때, 그의 컴퓨터 회사가 해체될 조짐이 일기 시작했다.

1985년, 왕안의 컴퓨터 회사는 처음으로 손실을 냈다. 이후 그는 아들 왕열에게 CEO 자리를 물려주었다. 사실 왕열은 경영 철학이 부족하고 자신만 옳다고 고집하는 인물이어서 많은 사람들이 왕열을 CEO로 앉히지 말라고 만류했지만, 왕안은 아들이 자신의 사업을 물려받기를 바랐고 아들에게 많은 기대를 걸었다. 회사 임원들은 왕안의 결정에 불만을 품고 속속 사표를 냈고, 그로 인해 심각한 인재 유실이 발생했다.

편집적인 사고와 행동도 왕안의 단점이었다. 그는 IBM과 겨루어 누가 진정한 1인자인지 결판내고 싶어 했다. 1971년 IBM의 매출은 그의 컴퓨터 회사의 225배에 이르렀다. 두 회사의 차이는 그야말로 하늘과 땅 차이였다. 또 1984년 IBM의 컴퓨터 모델은 이미 전미 시장의 인정을 받았지만, 왕안은 그것을 인정할 수 없었다. 그는 수많은 사람들의 권유를 뿌리치고 자기 회사만의 컴퓨터 모델을 만들었다. IBM 제품과 호환되지 않는 모델이었다. 사실 고객들은 왕안의 제품과 IBM 제품을 동시에 사용하는 경우가 많았다. 두 회사가 사용하는 시스템이 다르다면 고객들이 큰 불편을 겪게 될 터였다.

단골 고객들도 왕안에게 '두 회사의 제품이 호환되는 것이 서로에게 좋다'고 건의했지만, 왕안은 한 치도 양보하지 않았다. 그는 한 발 물러서는 것은 백기를 드는 것과 다름없다고 여겼다. 왕안의 고집 때문에 많은 고객이 그를 떠났다.

왕안의 편집적 사고는 제품의 방향성에서도 드러났다. 그의 컴퓨터 회사는 정보 시스템, 오피스 2000, 퍼스널 컴퓨터 시스템 등 3대 제품을 운영하고 있었다. 그중 퍼스널 컴퓨터 시스템 분야는 고객에게 직접 컴퓨터를 팔고 전자 상거래를 통해 다양한 PC 시스템을 팔 수 있는 분야였는데, 왕안은 이 분야를 가장 소홀히 했다.

1980년대 들어 퍼스널 컴퓨터가 날개를 달고 급부상하더니, 컴퓨터 산업에서 주도적 위치를 차지했다. 이때 왕안은 퍼스널 컴퓨터를 무시하고 오로지 문서 처리 기기와 중형 컴퓨터에 집중하고 있었다. 하지만 시장의 흐름은 이미 퍼스널 컴퓨터로 이동하고 있었다. 왕안은 고집스러운 성격으로 인해 시장의 요구를 만족시키지 못했으며, 결국 회사는 시장에서 참패했다.

1990년 왕안이 병으로 세상을 떠나자, 컴퓨터 제국이라 불리던 그의 회사는 순식간에 영세한 회사로 전락했고 과거의 영광을 잃어버렸다. 소리 소문 없이 시장에서 사라진 것이다. 편집적 사고방식과 고집이 그를 세상과 영영 단절시켰던 것이다.

편집적 사고는 문제 해결에 아무런 도움이 되질 않는다. 사람을 눈멀게 해 성공에서 멀어지게 만들 뿐이다. 편집적 사고에서 벗어나 유연하게 생각하고 행동하는 사람만이 성공을 거머쥘 수 있다.

인격장애로 인한 비극

란란은 올해 서른두 살이다. 그녀는 광고회사를 설립해서 어느 정도 성공했다. 하지만 그녀는 성공을 불안해하고, 이유 없이 자주 울곤 한다. 왜일까?

란란은 매우 엄한 집안에서 어린 시절을 보냈다. 특히 아버지가 자녀들에게 무척 엄격해서, 조금이라도 잘못을 저지르면 심하게 야단을 쳤다. 그래서 란란은 어릴 때부터 아버지를 몹시 무서워했다. 란란이 조금이라도 잘못하거나 실수하면 아버지는 불같이 화를 냈다. 게다가 어머니도 성격이 불같아서 아버지와 자주 다투곤 했다. 어린 란란은 부모님의 말다툼 속에서 자라다시피 했다. 아버지는 란란이 친구들과 밖에서 노는 것을 거의 허락하지 않았다. 학교 수업이 끝나면 곧장 집으로 돌아와야 했다. 조금이라도 늦는 날엔 아버지의 불호령이 떨어졌다. 그래서 란란은 어릴 때부터 매우 순진했고, 공상하길 좋아했으며, 세상일에 어두웠다.

대학에 진학한 후 처음으로 남자친구를 사귀었지만 아버지가 반대했다. 하지만 남자친구는 그녀에게 굉장히 잘했고 진심으로 사랑해줬다. 얼마 후 두 사람은 동거를 시작했지만, 한 달이 지나자 자주 다투게 되었다. 남자친구는 그녀에게 욕설을 퍼부었고 폭력까지 행사할 때도 있었다. 그토록 나를 사랑해주던 예전의 남자친구는 어디로 갔는지, 남자친구가 왜 그렇게 변했는지 란란은 도무지 이해할 수가 없었다. 몇 번 크게 싸운 끝에 란란은 남자친구에게 헤어지자고 말했다. 남자친구는 그 말을 듣더니 눈물을 흘리며 용서해달라고 했다. 란란은 마음이 약해졌다.

'그래, 이 사람이 나한테 얼마나 잘해줬는데……. 사실 이 사람은 정말 좋은 사람이야. 내 첫사랑이기도 하고.'

란란은 그렇게 남자친구를 용서했지만, 이후에도 같은 상황이 끊임없이 반복되었다. 남자친구는 때때로 란란에게 돈을 벌어오라고까지 시켰다. 말로는 그녀의 생활력을 강화해주는 거라고 했지만, 란란은 그의 생각을 납득할 수 없었다. 남자친구는 또다시 화를 내며 폭력을 행사했다. 그들이 동거하던 9년 동안, 남자친구는 세상 그 누구도 부럽지 않을 만큼 그녀에게 잘해줬지만, 그렇지 않을 때는 인간으로서 참기 힘들 정도로 사납고 난폭하게 그녀를 대했다. 란란은 더 이상 그렇게 살고 싶지 않았다. 남자친구가 잘못했다고 용서를 빌었지만 굳은 결심을 하고 헤어졌다.

2년 전, 란란은 지금의 남자친구를 만났다. 비즈니스 상담회에서 처음 만났는데, 처음부터 이야기가 잘 통하고 편했다. 그 남자가 굉장히 믿음직스럽고 따뜻하게 느껴졌고, 그렇게 둘은 연인 사이로 발전했다. 그 후, 란란은 광저우로 와서 지금의 남자친구와 동거를 시작했다. 남자친구는 그녀를 굉장히 따뜻하게 대해주었고 뭐든지 그녀를 위해 양보했다.

하지만 1년이 지나자 란란은 정서불안에 시달렸다. 툭하면 화를 내거나 울었다. 광저우에 온 후 예전의 상처에서 벗어날 수 있으리라 생각했지만, 실제로는 과거의 기억을 전혀 지우지 못했다. 그래서 자주 눈물을 흘리고 지금의 남자친구에게 화를 내곤 했다. 남자친구는 그녀가 왜 그러는지 영문을 알 수 없었다.

"자기 왜 그래?"

남자친구가 여러 번 물었지만 그녀는 대답하지 않았다. 남자친구가 자신의 과거를 알게 되는 것이 두려웠다. 남자친구가 아무 말이 없으면 그녀는 더 화를 내고 상심했다. 아무도 자신을 이해하지 못한다는 생각에 사는 게 재미없어졌고, 자신이 하찮은 존재로만 여겨졌다.

그렇게 6개월이 흐르면서 그녀는 서서히 정신마저 이상해져 갔다. 심할 때는 발작 증세까지 보였다. 남자친구가 자기에게 심하게 대한 것, 자기를 속인 것, 자기를 믿어주지 않은 것만 생각났다. 그녀는 미친 듯이 화를 내며 날뛰다가 갑자기 후회하면서 자기가 왜 그러는지 답답해했다.

'이건 진정한 내 모습이 아니야.'

그녀는 자신을 잘 컨트롤해야 한다고 생각했다. 자신의 인격이 두 개로 나뉜 것 같다는 생각도 들었다.

지금의 남자친구가 혼자 사는 자기 어머니에게 전화를 걸어 안부를 묻는 것도 못마땅해했다. 남자친구는 가끔씩 어머니와 길게 통화할 때가 있었다. 그럴 때마다 란란은 몹시 화가 났다. 남자친구의 사랑을 어머니와 나누어 갖는다는 생각이 들었고, 그 사실이 너무 싫었다. '아무도 이 남자를 내게서 뺏어갈 수 없어.' 그녀는 남자친구의 어머니를 질투했다.

남자친구가 어머니에 대한 사랑과 그녀에 대한 사랑은 다르다고 몇 번이나 설명했지만, 시간이 지날수록 란란은 점점 더 이상해졌다. 우울해하는 데서 그치지 않고 크게 분노했으며, 내면의 갈등을 감당하지 못했다. 발작이 그치고 나면 너무나 고통스러워했다. 스스로도 자신이 정상이 아니라는 사실을 알고 있었다. 지금 편집증을 고치지 않으면 인생이 송두리째 망가질 수도 있다고 생각했다.

우리는 란란이 매우 불행했다는 것을 알 수 있다. 란란은 엄격한 가정교육 때문에 부모의 따뜻한 사랑과 안정감을 느끼지 못했고, 전 남자친구도 편집적인 인격장애를 가진 사람이었다. 그녀는 지난 9년간 비인간적인 삶 속에서 자기 자신을 잃어버렸다. 자신의 감정과 생각은 고려하지 못하고 오로지 남자친구가 시키는 대로만 했다. 그녀 역시 전 남자친구의 성격에 동화되어 그를 닮아가고 있었던 것이다. 결국 그녀는 스스로를 비극으로 몰아넣었다.

우리 주변에는 다양한 사람들이 살고 있고, 그들의 성격도 천차만별이다. 편집적인 성격도 그중 하나다. 뭔가에 지나치게 집착하는 성격은 정상적인 삶에 장애가 된다. 그러므로 어떤 일을 하든 지나치게 매달리고 고집할 필요는 없다. 그러면 사방이 꽉 막혀 어디로도 빠져나갈 수 없는 막다른 길로 자신을 몰아넣을 수 있기 때문이다.

무슨 일이든 다양한 사고방식을 갖고 접근해보자. 그러면 한 줄기 서광이 비칠 것이다.

이성을 잃고 **행동**한 대가

살다 보면 화가 나고 사람을 무기력하게 만드는 일이 많이 일어난다. 그렇다고 이성을 잃거나 충동적으로 행동해서는 안 된다. 무슨 일이든 늘 이성적으로 해결하도록 노력해야 한다. 충동적인 행동은 문제 해결에 도움이 되지 않을뿐더러, 감당하기 힘든 결과를 초래할 수도 있다.

사람이 이성을 잃는 것은 매우 무서운 일이다. 이성을 잃은 사람은 결과는 도외시하고 폭력적인 방식으로 문제를 해결해 자신의 분노를 가라앉히려는 경향이 짙다. 그러나 그로 인해 가혹한 대가를 치러야 한다.

2009년 대입 학력고사에서 한 학부모가 시험 감독관을 구타한 사건이 발생했다. 이 소식은 전국으로 퍼져나갔고, 사람들은 그 학부형이 어떤 사람인지 궁금해했다. 그리고 그 학부형은 왜 시험 감독관을 구타한 것일까?

대입 학력고사 둘째 날, 지린성 농안현의 한 시험 감독관은 화장실에 다녀온 수험생 조군의 행동이 조금 이상하다고 생각했다. 그래서 금속 탐지기로 조사한 결과 그 학생의 옷 속에서 작은 이어폰이 발견되었다. 감독관은 입시부정 사실을 시인하는 진술서를 작성하게 하고 조군을 퇴실시켰다. 집으로 돌아온 조군은 침대에 엎드려 울기 시작했다. 조군의 어머니는 아들이 겪은 일을 전해 들은 후 아들이 불공정한 대우를 받았다고 판단해 그 감독관이 어떻게 생겼는지 아들에게 꼬치꼬치 캐물은 뒤 오후 시험을 준비하게 했다.

오후 시험이 끝난 뒤, 조군의 어머니는 곧바로 고사장 안으로 들어가 감독관을 찾았다. 그리고 감독관을 발견하자마자 큰 소리로 욕설을 퍼부으며 폭력을 가했다. 나중에 경찰서에 가서 진술할 때도 그녀는 줄곧 흥분 상태였다.

"우리 아들은 공부를 정말 잘했는데 물리 성적만 좋지 않았죠. 저는 아이가 좋은 대학에 입학하기를 바랐어요. 그래서 광고를 보고 대입 학력고사에 크게 도움이 된다는 학습 이어폰을 거금을 들여서 샀어요. 그렇게 돈을 많이 썼는데 아들이 아무런 혜택도 보지 못하고 오히려 응시 자격까지 박탈당하자 정말 화가 났지요. 우리의 희망이 물거품 된 거잖아요. 아들은 잘못이 없어요. 다 제가 한 일입니다. 아들이 한 번만 봐달라고 애원했지만 감독관은 아들을 기어코 쫓아냈대요. 그 말을 듣자 모든 것이 그 감독관 탓인 것만 같았어요."

이 어머니의 충동적인 행동은 아들에게 아무런 도움이 되지 못했다. 땅을 치며 후회했지만 이미 늦었다. 충동적인 행동의 결과는 참담해서 그 어머니는 폭행죄로 구속까지 되었다. 그 어머니가 이성을 잃고 감독관을 때린 것은 자기 수양이 부족했기 때문이었다. 폭력적인 방법으로 답을 찾고 문제를 해결하려고 하면 문제가 더욱 심각해질 뿐이다.

감정 제어하기

한 남자아이가 있었다. 아이는 성격적 결함으로 툭하면 주변 사람들에게 짜증을 부리고 화를 냈다. 그러자 친했던 친구들도 하나 둘씩 떠나갔다. 아무도 아이에게 관심을 보이지 않았다. 아이는 외로움에 시달리다가 아버지에게 물었다.

"아버지, 왜 아무도 저와 친구를 하려고 하지 않을까요?"

아버지는 아들에게 그 이유를 말해주지 않고, 대신 못과 망치를 건네며 말했다.

"화가 날 때마다 정원 울타리에 못을 하나씩 박아보렴."

아이는 아버지가 시키는 대로 했다. 첫날 아이는 울타리에 못을 37개나 박았다. 아이는 울타리에 박힌 못을 보며 생각했다.

'내가 이렇게 화를 많이 내는구나. 앞으로는 성질을 좀 죽여야겠다.'

아이는 성질을 누그러뜨리는 법을 조금씩 배워나가기 시작했다. 화가 나도 좀 참는 것이 못을 박는 것보다 쉽다는 사실도 깨달았다. 마침내 자신이 더 이상 화를 내지 않는다고 생각한 아이는 그 기쁜 마음을 아버지에게 전했다. 하지만 아버지는 칭찬은커녕 엉뚱한 말을 했다.

"아들아, 아직 끝난 게 아니란다. 이제는 화를 참을 때마다 박았던 못을 다시 빼보려무나."

아들은 아버지의 의중을 헤아릴 수 없었지만, 아버지의 말에 따르기로 했다. 화를 참을 때마다 울타리에 박은 못을 하나씩 빼냈다. 마침내 울타리의 못을 다 빼내자, 아이는 아버지에게 그 사실을 알렸다. 아버지는 아들의 손을 잡고 정원으로 가서 울타리를 가리키며 말했다.

"정말 수고했다, 아들아. 못을 다 뺐지만 못이 박혀 있던 구멍은 그대로 있지? 못을 빼도 울타리는 처음의 모습으로 돌아갈 수 없어. 네가 화를 내며 내뱉은 말들은 상대방의 마음속에 박은 대못과도 같단다. 말로써 사람들에게 큰 상처를 남긴 거지."

우리는 말로써 상대방에게 지워지지 않는 상처를 남기는 경우가 있다. 정신의 상처는 육체의 상처보다 치유하기가 훨씬 어렵다. 상대방에게 상처를 주지 않도록 노력하고 포용하는 마음으로 대하면, 그리고 감정을 이성으로 다스리면, 자신뿐만 아니라 모든 사람에게 좋은 일이 된다.

1%의 부정적인 감정이 실패를 부른다

부정적인 감정으로 인해 화를 내는 행동은 결국 습관으로 굳어지고, 그 사람에게 자기 수양이 얼마나 부족한지를 잘 보여준다. 1%의 부정적인 감정은 100% 실패를 부른다.

미국의 석유 재벌 록펠러는 라이벌 기업과 소송에 휘말렸을 때 마인드 컨트롤을 잘해 상대의 음모를 증명하고 승소했다. 이 사건을 심리하는 과정에서 상대방 변호사는 록펠러에게 심한 모욕감을 주었다. 하지만 록펠러는 화를 내면 상대방이 파놓은 함정에 빠지는 거라고 생각했다. 그래서 상대방 변호사의 술수에 말려들지 않겠다는 다짐을 했고, 냉정을 유지하며 화난 모습을 전혀 보이지 않았다. 상대방 변호사의 모욕적인 심문에도 표정 하나 변하지 않았다.

"록펠러 씨, 제가 당신에게 보낸 편지 좀 가져와 보세요."

상대방 변호사는 록펠러를 무례하게 다그쳤다. 그 편지에는 엑슨 모빌 석유공사에 관련된 내용이 담겨 있었는데, 사실 상대방 변호사는 그 일에 관해 심문할 자격이 없었다. 그런데도 록펠러는 아무런 반박도 하지 않고 묵묵히 자리에 앉아 있을 뿐이었다. 판사가 록펠러에게 물었다.

"록펠러 씨, 이 편지가 당신이 받은 편지 맞습니까?"

"네, 그렇습니다, 판사님."

"이 편지에 답신을 했나요?"

"하지 않은 것으로 기억합니다."

이때 판사가 다른 편지를 가져와서 읽었다.

"록펠러 씨, 이 편지도 당신이 받은 편지 맞습니까?"

"네, 그렇습니다, 판사님."

"이 편지에 답신을 했나요?"

"하지 않은 것으로 기억합니다."

여기까지 들었을 때 상대방 변호사는 갑자기 흥분하기 시작했다.

"당신은 왜 편지에 답장을 하지 않았지요? 나를 알고 있지 않습니까!"

"그렇습니다. 예전부터 당신을 알고 있었던 것 같군요."

록펠러의 무표정한 대답에 상대방 변호사는 평상심을 잃었고, 걷잡을 수 없이 흥분하기 시작했다. 하지만 록펠러는 가만히 앉아서 미동도 하지 않았다. 눈앞에서 벌어지고 있는 일에 전혀 관심이 없다는 표정이었다. 상대방 변호사의 고성高聲만 들릴 뿐, 법정 안의 사람들은 모두 숨죽인 채 앉아 있었다. 상대방 변호사는 이성을 잃고 자기도 모르는 사이에 사건의 진상을 내뱉었다. 그로 인해 판사와 배심원들은 사건의 전말을 알게 되었다. 그 변호사는 자기가 파놓은 함정에 스스로 빠진 것이다.

록펠러는 재판에서 승소했고, 그 사건을 통해 미국인들에게 온화하고 심지가 곧은 사람이라는 이미지를 남겼다. 상대방 변호사는 이성을 잃는 바람에 실패했다. 그가 냉정을 잃지 않고 재판에 임했다면 승소했을지도 모른다. 하지만 그는 자기 감정을 컨트롤하지 못했다. 감정을 컨트롤하지 못하고 사건의 전말을 자신의 입으로 밝히는 바람에 자기 의뢰인에게 엄청난 손실을 안겼을 뿐만 아니라 자신의 명예에도 먹칠을 했다. 감정을 제어할 줄 아는 것도 성공의 비결 중 하나다.

근시안적 사고

혜안이 부족한 사람들은 눈앞의 사사로운 이익에만 급급해하는 경향이 짙다. 나뭇잎 하나가 눈을 가려 태산을 보지 못하는 것이다. 그들의 시야는 눈앞에만 고착되어 있다.

'머리가 아프면 머리를 치료하고, 발이 아프면 발을 치료한다'는 말처럼 문제가 생긴 곳만 해결하고, 문제의 근본적인 해결책은 생각해내지 못한다. 오로지 눈앞의 상황에서 벗어나려고 애쓰느라 장래의 이익은 생각할 겨를이 없다. 순간의 즐거움만 추구한 나머지, 장기적인 사고를 하지 못한다. 결국 얻는 것보다 잃는 것이 훨씬 많다.

집으로 돌아가고 싶은 **마음**

어느 아랍 상인이 유럽에서 장사를 했다. 마차 한가득 물건을 싣고 나가면 며칠 내로 물건이 다 팔릴 정도로 장사가 잘됐다. 그는 가족들에게 줄 선물을 산 다음 마차를 몰고 집으로 향했다. 가족들을 보고 싶은 마음이 굴뚝같았던 그는 밤낮으로 쉬지 않고 마차를 몰았고, 밤이 깊어지면 근처 여관에 들어가 하룻밤 묵은 뒤 다음날 아침 일찍 일어나 길을 재촉했다.

어느 날 아침, 여관 주인이 그를 도와 마구간에서 말을 데리고 나오다가 말의 왼쪽 뒷발굽 편자에 못이 하나 빠져 있는 것을 발견했다. 여관 주인은 아랍 상인에게 편자를 고친 뒤 떠나라고 권유했다. 하지만 아랍 상인은 "열흘이면 집에 도착하는데 그깟 편자 하나 고치자고 출발을 늦출 수는 없어요"라고 말했다. 그 말이 끝나기가 무섭게 아랍 상인은 마차를 몰고 여관을 나섰다.

이틀 뒤, 아랍 상인은 어느 작은 마을을 지나치게 되었다. 그때 말의 편자를 박는 사람이 그를 보더니 친절하게 말했다.

"편자가 곧 떨어질 것 같군요. 이곳을 지나면 인적이 드문 길을 계속 가야 합니다. 편자 박는 사람도 없고요."

그러자 상인은 대답했다.

"8일만 지나면 집에 도착합니다. 그깟 편자 하나 때문에 지체할 수는 없어요."

그러고는 마차를 몰고 쏜살같이 떠났다. 얼마 후 인적 없는 황량한 곳을 지나고 있는데 편자가 떨어져 나갔다. 아랍 상인은 혼잣말로 중얼거렸다.

"어차피 언젠가는 떨어질 편자였어. 그렇다고 아까 그 마을로 다시 돌아갈 수도 없고……. 집에 곧 도착할 테니 그나마 다행이군."

상인은 마차를 몰고 계속 나아갔다. 얼마나 걸었을까, 말이 다리를 절며 고통스러워했다. 하지만 상인은 조금만 견디면 된다고 생각했다. 때마침 양치기가 그의 곁을 지나다가 말을 걸어왔다.

"말이 좀 쉬어야 할 것 같은데요. 말굽도 손봐야 하고. 그러지 않으면 얼마 못 걸을 거예요."

"이제 6일만 가면 집에 도착해요. 말굽 때문에 시간을 낭비할 순 없어요."

상인은 그렇게 대답하고는 절뚝거리는 말을 몰고 계속 나아갔다. 지나가던 행인이 안타까운 표정으로 말했다.

"말굽을 손보고 잠시 쉬었다 가는 편이 더 빠를지도 몰라요."

하지만 상인은 자신의 생각만 고집했다.

"말이 다 나을 때까지 기다리려면 시간이 너무 많이 걸려요. 사흘만 견디면 집에 도착하는데…… 빨리 집으로 돌아가 가족들을 만나야 합니다!"

이틀이 지난 후, 말은 결국 견디지 못하고 쓰러졌다. 아무리 일으켜 세우려 해도 소용이 없었다. 하는 수 없이 상인은 마차와 말을 버린 후 등짐을 지고 길을 걸었다. 마차로 가면 이틀이면 가는 길을 5일 동안 걸어야 했다. 집에 도착한 시간도 예상보다 3일이나 늦어졌다.

눈앞의 이익에만 연연해하는 사람들은 무슨 일을 하든 '빨리, 더 빨리'를 외친다. 하지만 현실을 전혀 고려하지 않은 채 빨리만 하려고 하면, 얻는 것보다 잃는 것이 더 많아진다.

멀리 있는 **이익**을 **볼 줄** 알아야 한다

어느 작은 마을에 한 젊은이가 살았다. 그는 어릴 때부터 부자들을 동경했다. 어른이 된 후, 그는 자신의 우상이었던 부자를 만났다. 그는 부자에게 성공의 비결을 물었다. 진지해 보이는 젊은이를 보고 부자는 아무 말 없이 주방에서 큰 수박 한 덩어리를 내왔다. 젊은이는 부자의 행동을 이해할 수가 없었다. 부자는 수박을 세 조각으로 잘랐다. 제각각 크기가 달랐다.

부자는 수박을 내밀며 젊은이에게 물었다.

"이 수박 세 조각 중 자네는 어느 것을 택하겠는가?"

"당연히 제일 큰 것을 택하죠!"

젊은이는 주저 없이 대답하며 가장 큰 수박 조각을 가리켰다. 부자는 껄껄 웃으며 "알았네, 많이 들게나!"라고 말했다.

부자는 가장 큰 수박 조각을 젊은이에게 주고, 자신은 가장 작은 수박 조각을 먹기 시작했다. 젊은이가 제일 큰 수박 조각을 맛있게 먹고 있을 때, 부자는 작은 수박 조각을 다 먹고 남은 수박 한 조각을 집어 들었다. 그 수박 조각은 젊은이가 먹고 있는 수박 조각보다는 작았지만, 앞서 부자가 먹은 수박 조각보다는 컸다. 부자는 수박을 젊은이의 눈앞에 들어 보이더니, 이내 야금야금 먹기 시작했다.

부자가 먹은 첫째 수박 조각과 둘째 수박 조각을 합치면 젊은이가 먹은 가장 큰 수박 조각보다도 컸다. 젊은이는 그제야 부자의 뜻을 헤아렸다. 처음에 부자가 먹은 수박은 젊은이의 것보다 작았지만, 둘째 수박 조각까지 합치면 더 컸던 것이다. 수박을 이익으로 환산한다면 부자가 더 많은 이익을 가져간 셈이었다.

부자는 젊은이에게 자신의 성공 철학을 들려주었다.

"성공하려면 먼저 버리는 법부터 알아야 하네. 눈앞의 작은 이익을 버릴 줄 알 때 더 큰 이익을 얻을 수 있지. 바로 이것이 내 성공 비결이라네."

가난한 사람이 큰 이익을 얻지 못하는 것은, 눈앞의 작은 이익에만 급급해 미래의 이익을 내다보지 못하기 때문이다. 눈앞의 사사로운 이익에 갇혀 눈이 멀고, 발전하고 싶은 생각이나 의지가 사라지며, 돈을 벌 수 있는 추진력과 날카로움도 잃어버린다. 같은 자리에서 맴도느라 현재의 상황을 돌파해나갈 마음도 생기지 않게 된다.

성공에는 준비가 필요하다. 준비가 충분할수록 성공의 기회도 커지고, 더 크게 발전할 수 있다. 사람이 눈앞의 사사로운 이익을 버리고 먼 미래를 내다보는 것은 어느 정도의 경지에 올랐을 때 가능하다. 성공의 길은 그토록 멀고도 험난하다. 그러나 이것은 성공하기 위한 필수조건이며 개인, 기업, 국가를 막론하고 성공을 거두기 위한 근본요소이다.

나무 두 그루

잔재주를 피우는 사람들은 일을 그르치거나 망치는 경우가 많다. 비현실적인 이상만 추구하는 사람들은 남보다 더 높은 목표를 설정하고 꿈을 꾸지만, 그 꿈을 이루지는 못한다. 높은 곳만 쳐다볼 뿐, 현실에 입각해 착실하게 이루어나가려는 노력을 하지 않기 때문이다.

성공에는 특별한 지름길이 없다. 날이 가고 해가 가듯 한 계단 한 계단씩 착실히 쌓아나가야 한다. 기초를 탄탄하게 다져야만 성공할 수 있는 것이다. 남보다 빨리 성공하려고 조급증을 내면 성공으로 가는 길에 오히려 장애물만 된다.

과수원 주인이 키가 서로 다른 묘목 두 그루를 대문 양쪽에 심었다. 그는 친자식을 키우듯 두 그루 모두 애지중지 키웠고, 두 나무는 주인의 사랑을 받으며 무럭무럭 자랐다. 처음에는 키가 달랐지만, 시간이 지나면서 두 나무의 키가 비슷해졌다.

대문 왼쪽의 첫째 나무는 땅속의 양분을 조금이라도 놓칠세라 차곡차곡 저장해두고 자기 몸에 달려 있는 나뭇가지와 줄기를 세심하게 보살폈다. 충분한 열량을 몸 안에 가득 채워두고, 어떻게 하면 나뭇잎을 더 푸르고 싱싱하게 만들지 고민했다. 그런 노력 덕분에 건강하게 쑥쑥 자랐다.

대문 오른쪽에 있는 둘째 나무 역시 양분을 놓치지 않고 모두 흡수했다. 하지만 이 나무의 목표는 첫째 나무와 달랐다. 모든 영양분을 모아 나무 꼭대기에 보내 하루빨리 꽃을 피우고 열매를 맺기를 바랐다.

이듬해가 되자 첫째 나무는 어린 싹을 틔웠고, 싹들이 잘 자랄 수 있도록 나뭇가지와 잎으로 감싸 보살폈다. 첫째 나무는 날이 갈수록 잎이 무성해지고 건강해졌다. 둘째 나무 역시 어린 싹을 틔웠지만 차분히 기다리지 못하고 빨리 꽃이 피기만을 바랐다. 둘째 나무가 자라는 속도는 놀라웠다. 아직 꽃을 피우고 열매를 맺을 시기가 아닌데도 너무 빨리 그 임무를 수행하고 있었다. 사람들은 그 나무를 보며 너무 빨리 자라 그 속도를 감당하지 못할 거라고 생각했다.

과연 예상은 빗나가지 않았다. 열매를 맺을 시기가 되었을 때, 둘째 나무는 이미 허리가 굽어 있었고, 열매 또한 충분한 영양분을 흡수하지 못해 정상적인 열매보다 맛이 떫었다. 이 나무는 허리가 굽어서 키가 작은 편이었다. 그래서 아이들이 나무 위에 올라가 놀았고, 아직 덜 익은 과일을 수시로 따가곤 했다. 나무는 시간이 흐를수록 쇠약해지더니, 결국 죽어버렸다.

첫째 나무는 둘째 나무와 확연히 달랐다. 자라는 속도가 좀 더디기는 했지만 건강하게 무럭무럭 자라났다. 세월의 고통을 인내로 참

아낸 후 마침내 꽃을 활짝 피우고, 맛과 향이 일품인 열매를 맺었다. 뿌리가 튼튼하고 영양분이 충분해 열매가 크고 달았다.

둘째 나무와 비슷한 사람들이 많이 있다. 오로지 겉모습에만 연연하고 겉으로 보이는 것에만 신경을 쓴다. 하지만 그 사람이 보여줄 수 있는 것을 다 보여주고 나면 사람들은 '그래, 그게 당신의 한계지'라고 생각한다. 이런 평가를 듣고 나면 그 사람은 더 이상 버티지 못하고, 바닥을 치고 올라갈 힘도 잃어버린다. 눈앞의 이익에만 급급해 착실하게 내공을 쌓지 않으면 결국 실패만을 불러온다는 것이 두 나무가 우리에게 주는 교훈이다.

주도면밀하게 계획을 세워라

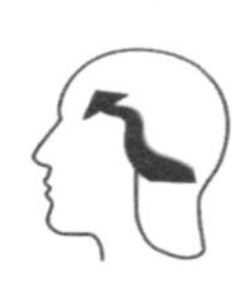

눈앞의 이익만을 좇아 급급하게 행동하면 진정한 이익을 취할 수 없다. 돈을 버는 최상의 방법은 눈을 크게 뜨고 멀리 보면서 눈앞의 사소한 이익에 연연해하지 않는 것이다. 멀리 있는 목표를 향해 끊임없이 노력하는 것만이 돈을 버는 유일한 길이자 최상의 비결이다.

세상에는 두 부류의 사람이 있다. 한 부류는 감자를 가지고 일부는 파종하는 데 쓰고 나머지는 다른 데 쓰는 사람, 또 하나의 부류는 일단 주린 배부터 채우고 보는 사람이다. 전자는 선견지명이 있는 사람, 후자는 그렇지 못한 사람이다.

큰 부자들을 보면 다양한 고난과 시련을 겪었음을 알 수 있다. 하지만 그들에게는 공통점이 있다. 바로 피땀 흘려 열심히 노력했고 오랜 시간을 묵묵히 견뎌냈다는 점이다. 가난한 사람은 오랜 시간을 참고 견디는 것이 너무 힘들고 지루하다고 생각한다. 그래서 하루라도 빨리 지름길을 택해 고난을 피하려고 한다. 하지만 마음이 급하면 결국 그 자리에서 맴돌 뿐이다.

예수가 베드로를 데리고 먼 길을 나섰다. 길을 가던 중 그들은 다 닳아버린 말굽을 발견했다. 예수가 베드로에게 말굽을 주우라고 했지만, 베드로는 못 들은 척했다. 예수는 아무 말 없이 직접 허리를 숙여 말굽을 주워 옷소매에 넣었다. 예수는 말굽을 대장장이에게 팔아 그 돈으로 복숭아 18개를 샀다. 두 사람은 계속 걸어서 도시를 벗어나 끝이 보이지 않는 황야로 접어들었다. 베드로가 목이 마르다는 것을 알고 예수는 소매에 넣어둔 복숭아 하나를 땅에 흘렸다. 베드로는 땅에 떨어진 복숭아를 보고 반가워하며 한 입에 다 먹었다.

예수는 베드로 앞에서 걸으면서 복숭아를 하나씩 계속 떨어뜨렸다. 복숭아 18개가 모두 땅에 떨어져 베드로는 18번 허리를 굽혀야 했다. 예수는 웃으며 베드로에게 말했다.

"베드로야, 처음에 네가 허리를 한 번만 숙였다면 지금처럼 계속 허리를 굽히는 일은 없었을 것이다. 귀찮다는 이유로 작은 일을 하지 않고 지나가면, 나중에 더 많은 일을 하느라 땀을 흘려야 한다."

많은 사람들이 비현실적인 목표를 세우며, 작은 이익은 경시한다. 그리고 단번에 남들을 압도할 만한 성공을 거두고 싶어 한다. 하지만 대다수의 부자들은 먼 미래를 내다보며 작은 액수를 현명하게 굴려 큰 부자가 된 것이다. 부자가 되고 싶은 야망이 있다면, 먼저 일확천금을 바라는 어리석은 생각부터 버려야 할 것이다.

과정도 결과 못지않게 **중요**하다

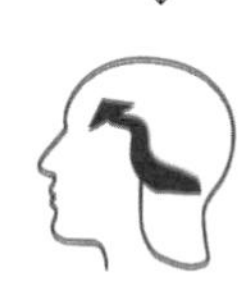

일본의 한 젊은이가 검도에 심취했다. 그래서 그는 먼 길을 마다하지 않고 훌륭한 스승을 만나러 갔다. 스승은 젊은이의 태도와 말투에서 남다른 재능을 알아봤지만 일부러 "자네, 검도가 얼마나 어려운 것인지 아는가?"라고 물었다.

젊은이는 그 말을 듣고는 다급하게 되물었다.

"그렇다면 스승님, 제가 얼마나 연습해야 검도를 완벽하게 연마할 수 있을까요?"

스승은 대답했다.

"전심전력을 다해야 할 걸세."

그 말에 젊은이는 마음이 더욱 급해졌다.

"아버지께서는 제가 하루라도 빨리 검도를 완벽히 습득하길 바랍니다. 그런데 제가 여기서 평생을 배워야 하는 겁니까?"

"10년만 연습해보게."

젊은이는 너무 긴 시간이라고 생각해 더 빨리 안 되냐고 물었다.

"그럼 30년!"

젊은이는 스승의 말에 깜짝 놀라 이렇게 말했다.

"스승님, 제 생각에는 3년이면 족할 것 같습니다. 어떻게 연마해야 하는지 방법만 가르쳐주십시오. 스승님께서 시키시는 것은 무엇이든 하겠습니다."

그러자 스승이 대답했다.

"눈앞의 일에만 연연해하는 걸 보니, 자네가 검도를 제대로 연마할 수 있을 것 같지 않군. 자네가 제대로 검도를 배우려면 족히 70년은 걸려야 할 걸세!"

젊은이는 그 말을 들은 후, 스승과 수련 기간 문제를 이야기하는 것 자체가 아무 소용이 없다는 것을 깨달았다. 한참을 생각한 후 젊은이는 다시 말했다.

"알겠습니다. 이왕 스승님을 찾아왔으니 저는 반드시 검도를 연마해서 돌아갈 겁니다. 스승님께서 시키시는 대로 다 하겠습니다."

그때부터 스승은 젊은이에게 땔감 구하기, 물 길어오기, 밥 짓기, 청소 등 많은 잡일을 시켰다. 3년이 지나도 젊은이는 여전히 다람쥐 쳇바퀴 돌듯 그 일들을 하고 있었다. 그러던 어느 날, 젊은이는 갑자기 부아가 치밀었다. 3년 동안 아무것도 이룬 것이 없었던 것이다.

그때, 갑자기 스승이 목검을 가지고 나와 그의 등을 날카롭게 내리쳤다. 하늘이 빙빙 도는 것 같았다. 둘째 날도, 셋째 날도…… 스승은 매일 불시에 아무런 예고도 없이 그를 공격했고, 그는 무방비 상태로 당했다. 그는 스승의 급습을 피하기 위해 매일 경계심을 늦추지 않았고, 주변에 신경을 썼다.

그러던 어느 날, 마침내 스승이 젊은이에게 말했다.

"자네는 이미 기본기를 연마했네. 목검을 들고 나를 따라 해보게."

그때부터 매일 스승과 검도를 연습했다.

몇 개월 후, 젊은이는 검도의 진정한 깊이를 깨닫게 되었고, 자유자재로 검을 휘두를 수준에 이르렀다. 그리고 마침내 일본에서 가장 출중한 검술의 달인이 되었다.

부와 명예에 눈이 멀면 눈앞의 이익에만 급급하게 된다. 어떤 일을 하든, 어떤 공부를 하든, 어떤 기술을 연마하든 너무 조급해해서는 안 된다. 평소 인내심과 자신감을 기르고, 집중력을 키워야 한다. 하루 종일 머리를 굴리고 바삐 애를 써도 눈앞의 이익에만 급급하면 진정 손에 쥐는 것은 아무것도 없다.

탐욕과 허영

사람은 누구나 욕망을 가지고 있다. 바다는 메워도 사람의 욕심은 메우지 못한다는 말처럼, 돈에 대한 인간의 욕망은 끝이 없다. 물론 돈은 우리가 살아가는 데 있어 없어서는 안 될 소중한 도구이지만, 기본적인 생활을 유지할 정도의 돈이 있다면 너무 돈만 외쳐서는 안 된다.

'욕심을 내면 결국 체한다'는 말이 있듯이, 돈에 대한 욕망도 자제할 줄 알아야 한다. 물불 가리지 않고 돈만 좇다 보면 통제 불능 상태가 되고, 탐욕 때문에 돌이킬 수 없는 화를 자초할 것이다.

철학자 에리히 프롬은 "탐욕은 사람에게 엄청난 고통을 주는 지옥이다"라고 말했다. 그런데 많은 사람들이 오로지 자신의 욕망을 충족시킬 생각만 하지, 그것 때문에 자신이 얼마나 후회할 것인가는 생각하지 않는다.

욕심쟁이의 도술

박 선생은 욕심이 많고 탐욕스러운 사람이었다. 그의 욕심은 마을에서도 유명했다. 이웃들이 그에게 쌀 한 말을 빌릴라치면, 그는 늘 한 말이 안 되는 양을 주었다. 빌려줄 때는 적게 주고, 받을 때는 빌려준 것보다 많이 받으려고 했다.

어느 겨울날, 박 선생은 집 근처의 숲에서 산책을 하다가 몸 색깔이 은색인 쥐를 발견했다. 박 선생은 난생처음 보는 신기한 쥐를 열심히 쫓아갔지만 결국 놓쳐버렸다. 꽁꽁 언 몸을 끌고 바들바들 떨며 집으로 돌아와 화로 앞에서 몸을 녹이다 보니 아까 본 은색 쥐가 생각할수록 너무 아까웠다.

'정말 보기 드문 쥐였는데…… 잡기만 한다면 팔아서 한몫 챙길 수 있을 텐데…….'

그는 쥐를 잡을 통을 만들어 다음날 아침 일찍 통을 들고 숲으로 다시 들어갔다. 반나절이나 숲을 뱅뱅 돌았지만 은색 쥐는 흔적조차 발견할 수 없었다. 먹지도 못하고 숲을 헤매다 보니 배에서 꼬르륵 소리가 났다. 박 선생이 거의 포기하고 있을 때, 갑자기 통에서 찍찍

거리는 소리가 났다. 놀라서 안을 들여다보니, 어제 본 그 은색 쥐가 통 안에서 파득거리고 있었다.

흥분한 박 선생을 보고 은색 쥐가 말했다.

"제발 살려주세요. 살려주신다면 은혜는 절대 잊지 않겠습니다."

박 선생이 물었다.

"내가 너를 살려주면 너는 나에게 뭘 해줄 거냐?"

"은을 드리겠습니다. 원하시는 만큼 드릴게요."

박 선생은 은색 쥐의 제안이 썩 괜찮다고 생각했지만, 마음을 고쳐먹었다.

'은색 쥐가 나에게 줄 수 있는 은의 양은 정해져 있을 거야. 하지만 나는 써도 써도 줄지 않을 은이 필요해……'

박 선생은 은색 쥐에게 말했다.

"그러지 말고, 마음대로 은을 만들 수 있는 능력을 나에게 다오."

그러자 은색 쥐가 박 선생을 보며 말했다.

"알겠습니다. 손을 저에게 내미십시오."

은색 쥐가 박 선생의 손을 두 번 쓰다듬었다. 하지만 손에는 아무런 변화가 없었다.

"이게 무엇이냐? 아무런 변화도 없지 않느냐?"

그러자 은색 쥐가 말했다.

"나뭇가지를 한번 잡아보세요."

박 선생은 은색 쥐가 시킨 대로 나뭇가지를 잡았다. 그가 나뭇가지를 잡는 순간, 나뭇가지가 은으로 변했다. 박 선생은 흥분하며 나뭇가지를 뽑으려 했지만, 나뭇가지는 끄떡도 하지 않았다. 나무 전체가 이미 은으로 변해버렸기 때문이다. 박 선생은 너무 기뻐서 하늘을 날 것만 같았다. 그는 은색 쥐에게 고맙다는 인사를 몇 번이나 한 뒤 놓아주었다. 그리고 날아갈 듯이 뛰어서 집으로 돌아왔다.

집으로 돌아온 박 선생은 실험을 해보기 시작했다. 나무 의자를 손에 잡자 그 자리에서 즉시 은으로 변했다. 그는 잡을 수 있는 물건은 모조리 잡아보았다. 반나절 만에 그의 집은 반짝반짝 빛나는 은나라가 되었다. 박 선생은 기뻐서 어쩔 줄을 몰랐다. 갑자기 배가 고파진 그는 부엌으로 가서 만두를 손으로 집었다. 그런데 이게 웬일인가. 만두도 은으로 변해버렸다.

박 선생은 어이없는 표정으로 만두를 쳐다보았다. 배에서는 꼬르륵꼬르륵 한바탕 전쟁이 일어나고 있었다. 그때 좋은 생각이 문득 떠올랐다.

'그렇지, 손으로 직접 만지지만 않으면 돼. 그러면 은으로 변하지 않을 거야.'

그는 황급히 부엌에서 장갑을 찾았지만, 손에 낀 순간 장갑도 은으로 변해버렸다. 그는 아랑곳하지 않고 다시 만두를 집어 들었다. 하지만 만두 역시 장갑과 접촉한 순간 곧바로 은으로 변해 버렸다. 박 선생은 할 수 없이 장갑을 벗으려고 했지만 아무리 안간힘을 써도 벗겨지지 않았다.

박 선생은 사흘을 굶었고, 나흘째 되던 날 더는 참을 수 없어서 다시 숲으로 들어가 은색 쥐를 찾아 헤맸다. 모든 것을 은으로 변하게 하는 능력을 더 이상 갖고 싶지 않았다. 하지만 아무리 찾아도 은색 쥐는 나타나지 않았고, 박 선생은 결국 굶어 죽었다.

탐욕은 때때로 사람을 함정으로 몰아넣는다. 함정에 빠져 곤경에 처하면 그제야 자신의 헛된 욕망을 후회하지만 이미 때는 늦다.

99족 노예

나라가 순풍에 돛 단 배처럼 안팎으로 평화롭고 백성들도 즐겁게 살고 있으며 조정도 다툼 없이 평온한 날들이 이어졌다. 천하가 모두 자기 손안에 있는데도 왕의 마음은 뭔가 허전했다. 왕 본인도 그 이유를 알지 못했다. 즐겁고 성대한 연회를 열어도, 밖으로 나들이를 가도, 허전한 마음은 여전했다.

하루는 왕이 아침부터 궁궐 안을 산책하고 있는데, 왕의 식사를 준비하는 주방에서 누군가가 노래를 흥얼거렸다. 그 콧노래 소리를 들은 왕은 누군지는 몰라도 정말 행복한 사람이구나 하고 생각했다. 왕은 이해가 되지 않았다.

'한낱 요리사가 뭐가 그리 즐거울까?'

그래서 왕은 주방으로 들어가 요리사에게 물었다. 요리사는 왕의 질문에 기쁘게 대답했다.

"존경하는 전하, 저는 보잘것없는 요리사지만 가족들이 즐겁게 생활할 수 있도록 최선을 다하고 있습니다. 물론 저는 돈은 많지 않습니다. 사는 곳도 누추하죠. 그저 밥 굶지 않고 살 정도입니다. 하지만 저는 충분히 행복합니다. 아내와 아이들은 제 삶의 원동력이죠. 제가 집에 돌아가면 온 식구가 저를 반겨주고 기뻐합니다. 그래서 저는 매일매일이 즐겁습니다. 우리 가족의 행복이 곧 저의 행복이니까요."

궁으로 돌아온 왕은 이 일을 재상에게 말했다.

그러자 재상이 말했다.

"전하, 그 요리사는 99족 노예가 되지 않은 것 같습니다."

"99족 노예라니, 그게 뭐요?"

"99족 노예가 무엇인지 모르시는군요. 금화 99개가 든 주머니를 그 요리사의 집 문 앞에 두어보십시오. 그러면 99족 노예가 무엇인지 알게 되실 겁니다."

왕은 사람을 보내 금화 99개가 든 주머니를 요리사의 집 문 앞에 두게 했다.

집에 돌아와 그 주머니를 발견한 요리사는 놀랍고 기쁜 마음을 감추지 못했다. 그러나 곧 냉정을 되찾고 금화를 하나하나 세기 시작했다. 몇 번을 세어봐도 금화는 99개였다. 금화 하나는 누가 가져간 것일까? 요리사는 집 안 곳곳을 샅샅이 뒤졌지만 금화를 찾지 못했다. 요리사는 너무 실망스러운 나머지 우울해지기 시작했다. 그는 다짐했다.

'내일부터 더 열심히 일해서 금화 한 개를 벌어야겠어. 그러면 100개가 될 테니까.'

그는 밤새 금화 생각을 하느라 잠을 설치다 늦게 일어났다. 일찍 깨우지 않았다고 아내와 아이들에게 짜증까지 냈다. 그는 황급히 궁궐의 주방으로 가서 열심히 일했다. 하지만 예전처럼 즐겁게 콧노래를 부를 기분은 나지 않았다. 그 모습을 지켜본 왕은 요리사의 기분이 오히려 가라앉은 것이 이해가 되질 않았다.

'아니, 그렇게 많은 금화가 생겼으면 기뻐해야지 왜 저렇게 우울해하는 거지?'

왕은 요리사의 기분이 오히려 우울해졌다고 재상에게 말했다. 그러자 재상이 설명했다.

"전하, 그 요리사는 99족 노예로 변한 것입니다. 많은 것을 가졌지만 만족하지 못하는 것이지요. 그는 오로지 100을 갖기 위해 열심히 일하고 있습니다. 하지만 100 때문에 삶의 행복과 즐거움은 사라져 버렸죠. 아무것도 아닌 1 때문에 지금 가지고 있는 99를 하찮게 여기는 것입니다. 1을 위해 모든 즐거움을 양보하는 것이지요. 그것이 바로 99족 노예입니다."

돈은 훌륭한 노예이자 나쁜 주인이다. 돈의 가치는 인간이 매겨야 한다. 너무 욕심을 내다 보면 정말 소중한 것을 잃어버릴 수도 있다. 탐욕이라는 마음의 짐을 내려놓고 배금주의를 경계하는 사람은 돈의 유혹을 물리칠 수 있다. 돈은 삶의 수준을 향상시켜주지만, 인생의 최종 목표가 될 수는 없다. 삶의 의미와 꿈을 돈으로 살 수는 없다. 그러니 돈 때문에 일희일비해서는 안 되며 균형점을 잘 찾아야 한다.

진정한 **즐거움**을 찾아라

즐거움은 멀리 있지 않다. 우리는 매일 즐거움을 맛본다. 하지만 탐욕스러운 사람의 눈에는 즐거움이 어딘가 다른 곳에 숨어 있는 것처럼 보인다. 즐거움을 애타게 찾지만 발견하지를 못하는 것이다. 이유가 무엇일까? 프랭클린은 '재물을 쌓는 것은 스스로를 괴롭게 만든다'고 했다.

폭스는 세계적인 부호다. 하지만 그도 한때는 가난한 시절을 보냈다. 부자가 되기 전, 그는 자신의 삶이 너무 불행하다고 생각했다. 겨울이면 낡고 해진 옷 때문에 추위에 떨었고, 여름에는 옷에서 나는 악취에 시달렸다. 끼니 한 번 제대로 해결하지 못했고, 잘사는 사람들이 마차를 타고 지나가면 그들을 부러운 눈으로 쳐다보았다. 그는 매일같이 다짐했다.

'나는 돈을 많이 벌어서 세상에서 가장 행복한 사람이 될 거야.'

그는 매일 하느님께 기도를 드렸다. 하느님이 그의 소원을 들어주셨는지, 아니면 운명의 신이 그를 선택했는지, 그는 어느 날 우연히 보석 꾸러미를 주웠다. 처음에 그는 그 보석들을 자기가 가지려고 했지만, 생각을 고쳐먹고 그곳에서 주인을 기다리기로 했다.

이틀을 꼬박 기다린 끝에 결국 보석 주인을 만났다. 보석을 잃어버린 사람은 흥분을 감추지 못하며 폭스에게 말했다.

"다시는 이 보석을 찾지 못할 줄 알았습니다. 당신처럼 정직하고 착한 사람을 만나다니 정말 행운이에요. 감사의 뜻으로 이 보석을 드리겠습니다. 받아주세요."

그러나 폭스는 그 보석이 자신을 진정한 부자로 만들어줄 수는 없다고 생각했다. 그래서 고개를 저으며 말했다.

"선생님, 저는 이 보석이 필요 없습니다. 저는 진정한 부자가 되고 싶습니다."

그러자 보석 주인이 말했다.

"정말 훌륭한 생각이군요. 그럼 이렇게 합시다. 저는 보석을 전문적으로 파는 사람인데, 저와 함께 일해보지 않겠습니까? 이 보석은 당신의 사업 밑천으로 드리겠습니다."

폭스는 그의 호의에 깊이 감사해하며 그를 따라 보석 사업을 시작했다. 운이 따라주어서 사업이 순조로웠다. 사업이 번창할수록 재산은 늘어갔고, 폭스는 마침내 유명한 부호가 되었다. 화려하고 고급스러운 옷을 입고, 마차를 몰며 거리를 활보했다. 사업을 확장하고 돈을 더 많이 벌기 위해 폭스는 다른 사람의 가게를 계속 사들였다. 처음에 그를 도와준 사람의 가게도 예외는 아니었다. 폭스는 몇 년 만에 보석 사업의 대가가 되었고, 상류사회에 진출해 매일 파티를 열었다. 손님들과 여담을 즐기고, 맛있는 음식과 고급스러운 샴페인을 마시며 하루하루를 보냈다. 하지만 파티가 끝나고 손님들이 모두 집으로 돌아가면 즐거웠던 기분이 싹 가셨다. 폭스는 생각했다.

'돈만 많으면 행복하고 즐거울 줄 알았는데…… 아니야, 돈을 더 많이 벌면 행복해지겠지.'

그렇지만 돈을 아무리 벌어도 즐겁지 않았다. 결혼하고 싶은 여자가 생겼지만, 그녀가 돈 때문에 자신과 결혼하려 한다는 것을 알자 낙심했다. 그의 명성이 높아질수록 그의 보석 가게는 강도들의 표적이 되었다. 보석 가게를 강도에게 털린 후로 폭스는 자신의 안전까지 걱정해야 했다. 매일 누군가 돈 때문에 자신을 죽일지도 모른다는 두려움에 시달렸다.

그러던 어느 날, 폭스는 사무실 유리창 밖을 걸어가는 사람들을 보았다. 그 속에는 낡아빠진 옷을 입은 부랑자가 있었다. 그 부랑자의 얼굴은 태양처럼 환하게 빛났다. 폭스는 그를 자신의 사무실로 데리고 와서 물었다.

"당신은 찢어지게 가난한 것 같은데 어떻게 그렇게 즐거운 표정을 지을 수가 있습니까? 저는 돈이 많지만 하나도 즐겁지 않은데 말이죠."

부랑자는 폭스를 찬찬히 훑어보더니 말했다.

"그래요, 저는 가진 것이 아무것도 없습니다. 하지만 당신의 어깨에는 수많은 욕망이 걸쳐져 있군요. 그러니 어떻게 즐거울 수 있겠습니까?"

그 말을 들은 폭스는 온몸에 전율이 이는 것을 느꼈다. 그는 그 부랑자에게 많은 돈을 주고 그날부터 고아들과 갈 곳 없는 사람들을 위한 보호소를 짓기 시작했다. 그 사업을 시작한 뒤로 폭스의 얼굴에는 웃음이 떠나지 않았다. 그는 자신이 이제야 진정으로 행복한 사람이 되었다는 것을 깨달았다.

사람은 누구나 많은 욕망을 갖고 있고, 그 욕망 때문에 끝없이 무언가를 향해 달려간다. 목표에 도달하거나 돈을 많이 벌면 인생이 행복할 것 같지만, 막상 성취하고 나면 별로 행복하지 않은 자신을 발견하게 된다. 많은 돈은 어느새 족쇄가 되어 사람을 꽁꽁 가두고, 행복은 저만치 사라져버린다. 행복을 찾는 진정한 방법은 탐욕에서 벗어나 족쇄를 풀고 스스로 자유로워지는 것이다.

곧 죽어도 **체면**

탐욕과 허영은 개인의 영광과 명예를 추구하는 데서 비롯되며, 다른 사람들의 부러움과 존경을 받고 싶다는 욕망이다. 허영심이 많은 사람은 실은 자존감이 낮다. 그들은 내면이 텅텅 비어 공허하며, 겉보기에만 화려하다.

사실 사람은 누구나 허영심을 조금씩은 가지고 있다. 하지만 허영심을 마냥 키우고 자신의 부족한 점이나 단점을 허영심으로 메우려고 해서는 안 된다. 그보다는 꾸준히 노력하고 스스로를 다독이면서 용감하게 전진하는 법을 배워야 한다.

리제가 도시에 올라와 일을 한 지 얼마 되지 않아 근처에 사는 대학 동기가 그를 찾아왔다. 두 사람은 함께 시내를 구경했고, 어느덧 식사 시간이 되었다. 취직한 지 얼마 안 된 리제는 수중에 단돈 50위안밖에 없었다. 리제로서는 전 재산이나 마찬가지였다. 그는 저렴한 식당에 가서 간단하게 끼니를 해결하고 싶었지만, 동기는 고급 식당에 가고 싶어 했다. 리제는 반대하지도 못하고 끌려가듯 무거운 발걸음을 옮겼다.

식당에 도착하자 동기가 그에게 "뭘 먹으면 좋을까?" 하고 물었다. 리제는 "네가 먹고 싶은 것으로 주문해"라고 대답했다. 동기가 메뉴판을 샅샅이 훑어보자 리제는 속으로 생각했다.

'50위안만 넘지 않으면 돼.'

이윽고 주문한 음식이 나왔다. 그러나 리제는 걱정이 되어 음식이 입으로 들어가는지 코로 들어가는지 알 수가 없었다. 동기는 리제의 속도 모르고 음식이 너무 맛있다며 입에 침이 마르도록 칭찬을 했다. 식사가 끝나자 종업원이 계산서를 가져왔다. 계산서를 본 리제는 입이 떡 벌어져 아무 말도 하지 못했다. 그때 동기가 200위안을 꺼내 종업원에게 건넸다. 식당에서 나온 뒤 동기가 그에게 말했다.

"리제, 앞으로는 너무 체면만 중시하지 말고 솔직하게 행동해봐."

그제야 리제는 동기에게 물었다.

"내 사정을 다 알고 있었구나. 그러면서 왜 나를 곤란하게 했니?"

동기는 웃으면서 대답했다.

"그래, 나는 지금 네 사정이 어떤지 뻔히 알고 있고, 식당에 들어설 때 네가 어떤 기분인지도 짐작했어. 그래서 몇 번이나 네 의견을 물었잖아. 난 네가 싫다고 말해주길 기대했어. 솔직하게 싫다고 말하면 되지 괜히 속으로 걱정할 필요 없잖아."

리제는 그제야 동기의 마음을 이해했다.

사람은 누구나 자존심이 있고 남에게 꿀리기 싫어한다. 많은 사람들이 체면에 살고 체면에 죽는다. 많은 사람들이 체면 때문에 가진 것도 없으면서 있는 척하고 할 수 없으면서 할 수 있다고 큰소리를 치지만, 결국에는 탄로가 나 체면을 잃고 망신을 당한다. 그러니 체면 따위에 목을 맬 필요는 없다. 할 수 없는 일은 할 수 없다고 솔직히 말해야 한다.

허영심은 인생을 살아가는 데 도움이 되지 않는 심리이며 자존심을 높여주지도 않는다. 오히려 그 사람에 대한 신뢰를 떨어뜨리므로, 항상 허영심을 경계할 필요가 있다. 그렇다고 스스로를 너무 비하할 필요도 없다. 허영심을 경계하고 있는 그대로의 내 모습을 직시하는 것이 나를 바꾸는 첫걸음이다.

악마의 허영심

악마가 나쁜 짓만 일삼자, 신이 악마를 병 안에 가둬 바다 깊은 곳에 던져버렸다. 악마는 만일 누군가가 병을 건져내 내가 병 밖으로 빠져나갈 수만 있게 도와준다면 금으로 된 산을 선물하겠다고 다짐했다. 하지만 5백 년이 흘렀는데도 아무도 그를 병 밖으로 꺼내 주지 않았다. 참다못한 악마는 화가 나서 저주를 걸었다.

"만일 누군가 병에서 나를 꺼내 주기만 한다면, 병 밖으로 나오자마자 한 입에 잡아먹어 버릴 것이다."

그러던 어느 날, 젊은 어부가 그물을 끌어올리다가 이상한 병이 걸려 있는 것을 발견했다. 얼핏 보기에도 무척 오래된 병이었다. 병마개가 꽉 잠겨 있었다. 어부는 병 안에 무엇이 들어 있는지 무척 궁금했다. 반나절을 생각한 끝에 그는 병을 열기로 결정했다. 어부가 병마개를 열자, 병 속에서 짙은 연기가 피어올랐고, 악마가 서서히 형체를 드러냈다.

"우하하하…… 이봐, 젊은이, 나는 5백 년 동안 이 안에서 누군가가 나를 구해주기를 기다렸네. 그러니 자네에게 고맙다는 말을 해야겠지? 하지만 너무 늦었어. 자네가 1년만 더 일찍 나를 구해줬더라면 금으로 된 산을 받았을 텐데, 아쉽군. 내 인내심은 바닥이 났네. 그래서 나를 구해주는 사람은 누구든 곧바로 잡아먹겠다고 결심했지."

악마의 말을 들은 어부는 너무 놀랐지만, 이내 침착한 표정으로 말했다.

"죽을 때 죽더라도 한 가지 묻고 싶은 게 있습니다. 당신은 이렇게 큰데 어떻게 저렇게 작은 병에 들어갈 수가 있었죠? 정말 저 병 속에서 나온 게 맞습니까? 왠지 거짓말 같습니다. 병에 들어가는 모습을 보기 전엔 도저히 믿을 수가 없네요."

"하하! 내가 그 말에 속을 줄 아나? 『천일야화』에 그런 비슷한 이야기가 나오더군. 내가 저 병 안에 들어가면 곧바로 병마개를 다시 닫아 바다에 빠뜨리려는 거잖아. 내가 네 녀석의 심보를 모를 줄 알아?"

젊은 어부는 놀라는 척하며 물었다.

"네? 『천일야화』를 보셨다고요? 에이, 설마요. 진짜라고요? 그렇다면 소크라테스의 철학서도 보셨겠군요?"

"하하, 5백 년 전 병에 갇히기까지 정말 책을 많이 읽었지. 『대학』 『중용』 『논어』 『맹자』부터 서양 철학서까지 두루 섭렵했다니까."

"그렇다면 사마천의 『사기』도 보셨나요? 묵자의 책도 아시나요?"

젊은 어부가 물었다.

"당연하지. 난 역사서는 모두 독파했으니까!"

"당신은 정말 박식하군요. 하지만 『홍루몽』은 못 보셨을 겁니다. 접하기 어려운 걸작이거든요."

"하하하, 자네는 정말 생각이 짧구먼. 감히 나를 속이려 들다니.

『홍루몽』은 내가 이미 소장하고 있는 책이야. 직접 눈으로 확인시켜 줘야겠구먼."

악마는 바로 연기로 변신하더니 천천히 병 속으로 빨려 들어갔다.

어부는 이때다 하고는 병마개로 병을 단단히 틀어막았다.

허영심이 강한 사람은 항상 남보다 자신이 더 잘났다는 것을 드러내고 싶어 한다. 그래서 손해를 본다. 사실 허영심은 성격적 결함이며 왜곡된 자존심이기도 하다. 허영심이 강한 사람은 자신의 능력과 학식을 다른 사람에게 자랑하고 싶어 하지만, 결국 허영심 때문에 자기 자신을 곤경에 빠뜨린다.

순간의 실수로 평생을 후회 속에 사는 사람들이 있다. 지나친 허영심도 평생의 후회거리만 남길 뿐이다. 허영심은 독약이다. 허영심은 인간의 영혼을 병들게 하고, 미래를 암울하게 만든다. 그러므로 우리는 절대로 자신을 허영심의 노예로 만들어서는 안 된다.

무원칙과 맹종

우리는 인생을 살아가면서 끝없이 이익을 추구한다. 심지어 어떤 사람들은 이익 추구를 인생의 제일가는 원칙으로 삼기도 한다. 가족, 친구, 다른 사람들과의 관계 속에서 언제나 자기 이익을 가장 우선시한다.

물론 대부분의 사람들에게 이익 추구는 굉장히 중요한 문제다. 하지만 이익 추구를 삶의 제일가는 원칙으로 삼으면, 나중에 자기 발등을 찍을 수도 있다. 다른 사람이 이익을 내세워 나를 유인하는 미끼로 쓸 수도 있기 때문이다. 이익을 최우선으로 삼는 사람들은 이 미끼를 덥석 물어 함정에 빠질 확률이 매우 높다.

누가 뭐라든 **소신대로 행동**하라

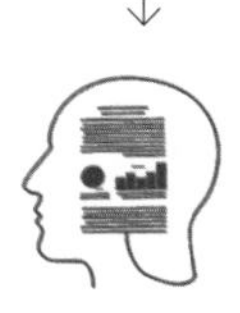

어떤 일이 자신의 이익과 밀접한 관계가 있을 때, 대부분의 사람들은 그 일이 자기에게 얼마나 많은 이익을 가져다줄 수 있는지를 먼저 생각한다. 많은 사람들이 이익을 챙기기 위해 원칙을 버리고, 친구를 팔고, 다른 사람의 손해는 뒷전으로 생각한다. 이익 앞에서 원칙도 버리고 양심도 버린다. 하지만 그렇게 해서 얻은 이익이 과연 그 사람에게 유익하기만 할까?

위항위안은 대학입시에 실패하고 남부의 한 도시에 내려와 아르바이트를 시작했다. 선생님은 평소 성실하고 성적도 좋았던 그가 시험에 떨어진 것은 운이 따르지 않은 탓이라고 생각해 재수할 것을 권했지만, 그는 대입을 포기했다. 아버지는 병으로 누워 있고 집안에 빚도 많아서 재수를 할 형편이 못 되었기 때문이다. 그는 외삼촌이 다니는 회사에서 아르바이트를 했다. 외삼촌이 그에게 충고했다.

"아르바이트는 아무리 열심히 해도 알아주지 않으니까, 그냥 네가 맡은 일만 해. 오지랖 넓게 다른 일까지 상관 말고."

위항위안은 그 말을 묵묵히 들었다. 처음에 그는 외삼촌과 함께 창고 관리를 했다. 창고 안의 화물은 대부분 큰 범포에 덮여 있었다. 위항위안과 외삼촌이 하는 일은 그 화물을 도둑맞지 않도록 감시하는 일이었다. 어느 늦은 저녁, 바람이 세차게 불고 폭우가 쏟아졌다. 위항위안은 바깥의 바람소리와 빗소리를 들으며 걱정이 되기 시작했다. 그래서 비옷을 입고 밖으로 나갔다. 외삼촌이 그의 등 뒤에서 물었다.

"비가 이렇게 많이 내리치는데, 나가서 뭘 하려는 게냐?"

위항위안은 대답했다.

"범포가 바람에 날아가지 않았는지 확인하려고요."

그러자 외삼촌이 말했다.

"뭐 하러 고생을 사서 해? 그런 건 우리가 관여할 문제가 아니야. 우리는 화물만 잘 지키면 돼."

위항위안은 외삼촌의 만류를 뿌리치고 밖으로 나갔다. 하늘에 구멍이 난 것처럼 폭우가 쏟아지고, 강한 바람이 불고 있었다. 위항위안은 비바람을 뚫고 창고로 화물을 확인하러 갔다. 과연 범포는 바람에 휩쓸려 저만치 날아가 있었다. 위항위안은 범포를 다시 가져다 화물을 안전하게 덮어씌웠다. 그가 고군분투하며 화물을 덮고 있을 때, 뒤에서 인기척이 느껴졌다. 고개를 돌려보니 사장이 서 있었다. 사장이 물었다.

"화물이 비에 젖었을까봐 와봤네. 자네는 아르바이트 사원이구먼."

위항위안은 고개를 끄덕이며 말했다.

"네, 일 시작한 지 일주일 됐습니다."

사장이 껄껄 웃으며 말했다.

"그런데 이건 자네 일이 아니지 않나? 감기라도 걸리면 어쩌려고 그러는가? 아르바이트 사원은 상해보험에도 들어 있지 않고, 이런 일로 보너스를 줄 수도 없는데 말이야."

위항위안은 한참 동안 말이 없다가 마침내 입을 열었다.

"저는 다른 뜻이 있어서 온 것이 아닙니다. 그저 화물이 잘 있는지 보려고 온 겁니다."

사장은 위항위안을 물끄러미 쳐다보더니, 아무 말도 하지 않았다.

범포를 다시 씌우고 화물이 어느 정도 정리되자 사장은 돌아갔다. 위항위안 역시 말없이 숙소로 돌아왔다. 외삼촌은 물에 빠진 생쥐 꼴이 된 위항위안을 보고 잔소리를 했다.

"그러게 왜 사서 고생이냐? 그런다고 누가 알아주기나 한다더냐?"

위항위안은 젖은 상의를 벗으며 말했다.

"뭘 바라고 한 일이 아니에요. 어머니가 늘 사람은 양심을 지켜야 마음이 편안하다고 하셨어요."

그 일이 있고 일주일쯤 지난 어느 날, 부장이 위항위안을 찾아왔다.

"사장님께서 자네를 찾으시네."

위항위안이 사장실에 들어서자, 사장은 웃으면서 말했다.

"여기 앉게. 자네 그날 내가 한 말 기억하나? 자네는 아르바이트 사원이라 몸이 아파도 상해보험 혜택을 줄 수 없고 보너스 지급도 힘들다는 말?"

위항위안이 대답했다.

"저는 제게 주어지는 급여 외에는 바라는 것이 없습니다."

그러자 사장이 진지한 표정으로 다시 물었다.

"그렇다면 이익도 되지 않는 그 일을 왜 한 건가?"

위항위안은 대답했다.

"무슨 일을 하든 일단 내 양심에 거리낌이 되는 일은 없어야 한다고 생각했을 뿐입니다."

사장은 그를 한참 쳐다보더니 말했다.

"알았네, 가보게."

위항위안은 인사를 하고 사장실을 나왔다.

며칠 후, 위항위안에게 서류 한 통이 전달되었다. 서류를 가져온 사람은 그에게 서류의 빈칸을 채워 넣으라고 했다. 이후 위항위안은 정사원이 되었고 멋진 사택으로 이사까지 했다. 서류 봉투 속에는 사장의 편지가 동봉되어 있었다.

'젊은이, 자네는 무슨 일을 하든 원칙을 지키는 사람 같네. 난 그런 자네가 믿음직스럽군.'

외삼촌이 부러운 눈으로 조카를 쳐다보았다.

"너는 정말 행운아구나. 너처럼 운 좋은 녀석이 얼마나 되겠니?"

그러자 위항위안이 대답했다.

"어머니 말씀이 옳았어요. 양심이 바로 저의 원칙이에요."

많은 사람들이 이익지상주의를 추구한다. 그들은 '나 혼자 양심을 지킨다고 누가 알아줘?'라는 편협한 생각 속에서 산다. 하지만 이런 생각에는 큰 문제가 있다. 무슨 일을 하든 인간으로서의 기본을 지켜야 한다. 기본도 지키지 않은 채 이익을 위해서라면 무슨 짓이든

마다하지 않는 사람은 한순간에 나락으로 떨어질 수 있다.

많은 사람들이 개인의 이익은 집단의 이익과 무관하다고 여기며, 나 개인의 이익이 가장 중요하다고 생각한다. 그리하여 집단이나 국가의 이익이 위협을 받을 때, 대부분 자신의 이익부터 먼저 지키려고 한다. 하지만 자신의 이익만 추구했을 때 그 결과는 어떻게 나타날까? 개인의 이익과 집단의 이익은 시계의 톱니바퀴들처럼 서로 맞물려 있다. 톱니바퀴 중 어느 하나라도 제대로 맞물려 돌아가지 않으면 그 시계는 기능을 잃고 만다.

성실한 사람

이익만 좇다 보면 기존에 일해오던 방식까지 바꾸게 된다. 다른 것은 중요하지 않고, 오로지 자신의 이익만이 유일한 목표가 되기 때문이다. 하지만 그렇게 한다고 결과가 반드시 좋을까? 그렇지 않다. 이익을 위해 원칙과 방법까지 바꾼다고 해서 자기가 예상했던 이익을 얻을 수 있는 것은 아니다.

뉴욕에 사는 청년 제레미는 작은 회사를 운영하고 있다. 수익이 많지는 않지만 일이 너무 즐거웠다. 제레미가 얼마나 성실한지는 고객들도 잘 알고 있었다. 제레미는 단 한 번도 고객을 속인 적이 없었다. 그래서 고객들은 제레미와 오랫동안 거래하기를 원했다.

제레미는 사업 외에 취미로 주식투자도 했는데, 이익을 남기기보다는 손해를 보는 편이었다. 한 번은 크게 투자한 주식이 실패하는 바람에 사업까지 곤경에 처한 적이 있었다. 제레미는 사업을 정상화시키기 위해 동분서주해야 했다. 그의 사정을 알게 된 고객 한 명이 그에게 말했다.

“어떤 부호의 미망인이 성대한 파티를 연다는데, 한번 찾아가 보지그래?”

제레미는 좋은 생각이라고 여겼다.

제레미는 한껏 멋을 내고 파티에 참석했다. 그리고 그 파티를 알려준 고객의 추천으로 파티를 연 미망인을 소개받았다. 어딘지 우울해 보이면서도 우아한, 묘한 분위기의 여성이었다. 나이는 제레미의 어머니뻘이었다. 제레미는 그 미망인이 젊었을 때 상당한 미인이었을 거라고 생각했다. 미망인이 미소를 지으며 말했다.

“젊은이, 나와 함께 한 곡 추겠어요?”

제레미는 손을 내밀며 대답했다.

“영광입니다, 여사님.”

음악에 맞춰 춤을 추는 동안 미망인은 제레미에게 물었다.

“내가 아름답다고 생각하나요?”

제레미는 조금도 주저하지 않고 대답했다.

“물론입니다. 너무 아름다우세요.”

하지만 속으로는 ‘젊었을 때요’라고 생각했다.

미망인이 계속 말했다.

“젊은이는 성실하고 신망 있는 사람이라고 들었어요. 고객과의 신뢰를 정말 중요하게 생각한다고요.”

제레미는 그 말을 듣고 쾌재를 부르며 기쁜 표정으로 대답했다.

“물론입니다. 제 고객에게 들으셨겠지만, 저는 절대로 거짓말을 하지 않습니다.”

그러자 미망인은 웃으며 말했다.

"그럼 방금 내가 아름답다고 한 말도 거짓말이 아니겠군요?"

제레미는 대답했다.

"물론입니다. 정말 아름다우십니다."

"내 나이가 너무 많다는 생각도 했겠네요?"

"아닙니다. 그렇게 보이지 않으세요. 당신만 원하신다면 여기 있는 모든 신사들이 당신에게 구애할 겁니다."

미망인은 웃으면서 물었다.

"당신도 그중 한 사람인가요?"

제레미는 얼굴이 빨개졌고, 그런 마음이 전혀 없으면서도 "네, 그렇습니다. 저로서는 영광이죠"라고 마음에 없는 소리를 했다.

파티가 끝나 갈 무렵, 미망인이 그에게 말했다.

"오늘 정말 즐거웠어요."

"네, 저도 즐거웠고, 만나뵙게 되어 영광이었습니다."

그로부터 몇 주가 지난 후, 제레미의 고객이 지난번 파티에서 만난 미망인이 세상을 떠났다고 알려왔다. 제레미는 미망인의 장례식에 참석했다. 장례식이 끝난 후 미망인의 변호사가 편지 한 통을 제레미에게 건네며 "고인께서 특별히 당신에게 전해달라고 하셨습니다"라고 말했다.

제레미는 놀라움을 감추지 못하고 편지를 읽었다. 편지에는 이렇게 적혀 있었다.

'나는 이 도시에서 가장 성실한 청년을 찾고 있었습니다. 내가 성실한 사람에게 유산을 남겨주었으면 좋겠다는 것이 내 남편의 유지였죠. 내 남편은 자신의 재산이 유익한 곳에 쓰이기를 바랐습니다. 그러던 중 당신이 성실한 젊은이라는 이야기를 사람들에게서 듣고 당신에 대해 조사를 했습니다. 조사를 통해 당신에 대한 사람들의 이야기가 거짓이 아니라는 것을 알았죠. 파티에서 당신을 만나기 전, 나는 남편의 유산을 당신에게 남기려고 거의 마음을 굳혔답니다. 하지만 그날 밤 파티에서 당신과 춤을 추면서 생각을 바꾸었죠. 당신은 내가 찾는 사람이 아닌 것 같아요. 어쨌거나 당신을 알게 되어 기쁘게 생각합니다.'

편지를 읽고 난 후 제레미는 후회막심했다. 기회가 바로 코앞까지 왔는데 놓쳐버린 것이다. 기회를 꼭 잡아야 한다는 절박함 때문에 그동안 지켜왔던 원칙까지 바꾸고 거짓으로 일관했으며 그 거짓된 모습 때문에 결국 기회를 놓쳐버린 것이었다.

눈앞에 기회가 찾아왔을 때 정확한 선택을 내리기란 쉽지 않다. 그래서 많은 사람들이 기회를 잡기 위해 본연의 모습과 원칙까지 바꾸곤 한다. 하지만 자신의 본모습과 원칙을 바꾸었기 때문에 기회를 스스로 날려버렸다는 사실을 깨닫는 사람은 많지 않다. 이익을 위해 자신의 방식을 바꾸는 것이 잘못된 선택일 때도 있다.

후회할 선택을
하지 마라

눈앞에 이익이 보일 때 우리는 그것을 취할 수도 있고 버릴 수도 있다. 대부분의 사람들은 눈앞의 이익을 버리지 못한다. 그런데 이 때의 이익은 마치 동전 던지기와 같다. 동전의 앞면이 나올 수도 있고 뒷면이 나올 수도 있다. 즉 잃을 수도 있고 얻을 수도 있는 것이다. 때로는 옳은 선택으로 이익을 얻기도 하지만, 그릇된 선택으로 가진 것을 잃고 함정에 빠지기도 한다. 어떤 선택이 옳은지, 어떤 선택을 내렸을 때 함정을 피할 수 있을지 곰곰이 생각하고 판단을 내리는 것이 정말 중요하다.

라이스는 노스캐롤라이나 주의 한 작은 도시에 살고 있었다. 그는 그 도시에서 꽤나 유명한 부자였다. 그는 사업을 할 때 항상 성실과 신뢰를 강조했으며, 업계에서의 평판도 꽤 좋았다. 라이스에게는 소망이 하나 있었는데, 바로 정계 진출이었다. 그래서 사업을 하는 틈틈이 시민들을 위해서도 많은 일을 했다. 시장 선거철이 다가왔다. 지지도 조사에서 그의 인기가 굉장히 높게 나왔고, 만일 그가 출마

한다면 차기 시장으로 당선될 가능성이 컸다.

한편 라이스의 아내는 보석을 좋아했다. 라이스가 선거 준비로 바쁜 나날을 보낼 때, 아내는 무료함을 달래려고 보석을 보러 다녔다. 그녀는 어느 보석 상점에서 2만 달러나 되는 남아프리카 다이아몬드 목걸이를 보고 한눈에 반했다. 보석 상점 주인은 그녀가 라이스의 아내라는 것을 한눈에 알아보고 그녀를 친절하게 대하며 정상가의 4분의 1 가격에 목걸이를 팔겠다고 제안했다.

라이스의 아내는 기쁜 마음에 덥석 그 다이아몬드 목걸이를 샀다. 아내는 이곳저곳을 돌며 선거운동을 하고 밤늦게 돌아온 라이스에게 그 목걸이를 보여주면서 정말 싼값에 샀다고 자랑했다. 라이스는 아내의 말을 듣자마자 당장 목걸이를 돌려주라고 말했다. 그녀는 그러고 싶지 않았지만 라이스의 성화에 못 이겨 함께 보석 상점으로 갔다.

라이스가 목걸이를 꺼내 놓으며 보석 상점 주인에게 물었다.

"왜 이런 비싼 목걸이를 그런 파격적인 가격에 우리 집사람에게 팔았나요?"

보석 상점 주인은 우물쭈물하며 대답했다.

"실은 이 손님이 당신의 아내라는 사실을 알고 있었습니다. 당신이 차기 시장이 될 가능성이 높다는 사실도요."

보석 상점 주인의 말을 들은 라이스는 날카롭게 물었다.

"그러니까 당신은 시장 선거에서 저를 지지하시는 건가요?"

보석 상점 주인은 고개를 끄덕이며 대답했다.

"당연하죠. 당신을 지지합니다."

라이스는 다시 물었다.

"제가 좋은 시장이 되길 바라시나요?"

"당연하죠."

보석 상점 주인이 진지하게 대답했다.

"처음부터 이 목걸이를 할인 판매할 생각이었나요, 아니면 제 집 사람이라서 특별히 싸게 주신 건가요?"

그러자 보석 상점 주인이 겸연쩍어하며 대답했다.

"당신의 아내라서 특별히 그 가격에 드린 것입니다."

라이스가 말했다.

"당신에게 중요한 것은 보석을 팔아 이익을 얻는 것입니다. 나에게 중요한 것은 차기 시장에 당선돼 시장 역할을 잘하는 것이고요. 하지만 오늘 아내가 저렴한 가격에 이 목걸이를 사도록 내가 묵인한다면, 그것은 옳은 선택이 아닙니다. 그것은 시장 선거에 도전할 수 있는 자격을 스스로 포기하는 것과도 같아요."

라이스의 아내는 다이아몬드 목걸이를 돌려줘야 하는 것이 못내 아쉬웠다. 자신의 남편이 어리석다는 생각도 들었다. 라이스 역시 그런 아내의 마음을 모르는 바는 아니었지만, 그는 중요한 일을 해야 할 사람이었다.

만일 라이스가 그 목걸이를 돌려주지 않았다면, 그 일은 시장 선거 과정에서 추문으로 불거질 것임에 틀림없다. 이것은 이익이 가져다주는 함정이다. 이 함정에서 탈출하지 못한다면, 그는 그토록 염원했던 시장 선거에 평생 도전할 수 없을 것이다. 목걸이의 파격적인 가격에 귀가 솔깃하고 마음이 동하겠지만, 그런 선택은 자신에게 해로운 결과만 가져올 뿐이다. 순간의 유혹에 넘어가 잘못된 선택을 한다면 평생 후회 속에서 살아가게 될 것이다.

사람은 눈앞의 이익에 유혹되기 쉽다. 그래서 올바른 선택을 하기가 쉽지 않다. 아무런 조건 없이 손쉽게 이익을 얻을 수 있을 때에는 더욱 그렇다. 하지만 대부분의 경우 이익 뒤에는 함정이 도사리고 있다. 그 함정에 빠져들 것인지, 아니면 피해서 건너뛸 것인지는 오직 자신의 선택에 달려 있다. 라이스의 경우처럼 이익과 이상이 충돌할 때 신중한 판단으로 후회 없는 선택을 해야 할 것이다.

말 한마디의 가치

회사원들은 대개 자기가 맡은 일이 아니면 필요 이상으로 애쓰려고 하지 않는다. 혼자 애쓴다고 해서 누가 알아주는 것도 아니고, 회사라는 곳은 어차피 조직사회이기 때문에 혼자 애를 써봐야 그에 상응하는 대가를 얻기 힘들기 때문이다. 이런 생각은 소극적인 태도를 낳는다. 하지만 이런 소극적인 태도가 과연 옳은 것일까? 내가 어떤 이익을 얻을 것인가 하는 것이 정말 모든 것을 판단하는 기준일까?

사오링은 상점 판매원이다. 사오링은 4년제 대학을 졸업했지만 원하는 직장에 취업할 수 없었다. 하는 수 없이 상점 판매원으로 취직했다. 고객들은 그녀가 굉장히 친절하고 열정이 있다며 칭찬이 자자했었다.

사오링이 일하는 판매대 앞에는 낮은 계단이 있었는데, 고객들이 그 계단을 미처 보지 못하고 넘어질 때가 종종 있었다. 사오링은 그 모습을 보고 판매대 앞에 '계단을 조심하세요'라는 푯말을 써서 붙여두었다.

그런데도 고객들은 그 푯말을 미처 보지 못하고 지나가다가 비틀거리거나 넘어지곤 했다. 그래서 사오링은 방법을 바꾸었다. 그 앞을 지나가는 고객들 한 명 한 명에게 "계단 조심하세요"라고 말로 해주었다. 그곳을 지나가는 고객이 너무 많아서 그녀는 똑같은 말을 끊임없이 되풀이해야 했다. 그러다 보니 자기가 맡은 물건을 제대로 판매하기가 힘들었다. 그 상점에는 각각의 판매원들이 정해진 시간 안에 정해진 물량을 팔아야 한다는 규정이 있었는데, 사오링은 고객들에게 "계단 조심하세요"라는 말을 하느라 물건 판매에 온전히 집중할 수가 없었기 때문이었다.

사오링과 함께 일하는 여직원은 다른 사람들에게 그 이야기를 하며 사오링을 비웃었다.

"정말 바보라니까. 그렇게 해서 자기한테 무슨 이익이 돌아온다고 그러는지 모르겠어. 기껏해야 고맙다는 칭찬 한마디 정도뿐이잖아. 상을 받는 것도 아니고, 누가 알아주는 것도 아니고."

다른 직원들도 그렇게 한다고 네가 얻는 게 뭐냐는 둥, 너무 오지랖이 넓다는 둥, 말들이 많았다. 사오링과 친한 판매원까지도 핀잔을 주었다.

"그렇게까지 할 필요 없어. 그런다고 떡이 나오니, 밥이 나오니? 사람들이 너에 대해 말들이 많아. 그리고 그렇게 하면 네 일에도 지장이 있잖아. 우리는 어차피 실적으로 먹고사는 사람들이야. 물건을 많이 팔아야 실적도 올라가고 보너스도 받지."

그러나 사오링은 그저 담담하게 미소만 지었고, 여전히 고객들에게 "계단 조심하세요"라고 말해주었다.

그러던 어느 날, 한 노인이 그녀 쪽으로 천천히 걸어왔다. 그녀는 재빨리 "할아버지, 계단 조심하세요"라고 말했다. 노인은 그녀의 말을 듣지 못했는지 계단 쪽으로 걸어갔다. 사오링은 판매대 밖으로 나와 계단 앞에 서서 노인에게 다시 한 번 조심하라고 말했다. 노인은 그녀 덕분에 넘어지지 않고 안전하게 계단을 넘어갔고, 감사의 인사로 그녀에게 손을 흔들어주었다.

시간이 흐른 뒤, 사오링은 본사 직원으로 채용되었다. 그녀가 늘 걱정했던 계단도 수리돼서 이제는 아무도 넘어지지 않았다. 지난번의 그 노인은 알고 보니 본사 사장이었고, 마침 그날 상점을 시찰하러 나온 것이었다. 사장은 사오링의 행동에 대해 보고를 받고, 그녀를 본사 직원으로 승진시켰던 것이다.

많은 사람들이 큰 이익을 얻는 것을 목표로 삼고 추구하지만, 그것이 인생의 방향으로까지 결정되어서는 안 된다. 우리는 이익 앞에서 현명한 선택을 해야 한다. 단순히 이익만을 좇느라 자신의 인생관과 가치관까지 포기해서는 안 된다. 사실 많은 사람들이 눈앞의 이익 때문에 초심을 잃는다. 하지만 그 유혹 앞에서도 변하지 않는 사람이 최종 승자가 될 수 있다. 성공은 이익에만 급급한 마음을 버릴 때 찾아온다. 두말하면 잔소리다.

어떤 **상황**에서도 **주관**을 가져라

많은 사람들이 대중의 의견, 즉 대세를 따른다. 이것은 대다수 사람들이 가지고 있는 심리적 특징이자 위험한 함정이기도 하다. 사람의 인생관, 가치관, 도덕관은 저마다 다르므로, 인생의 선택 역시 다를 수밖에 없다. 그런데도 무턱대고 남들을 따라 한다면 자아를 상실하게 되고 판단력과 자신감까지 잃게 된다.

아무 생각 없이 다른 사람을 따라 하는 사람은 판단 능력도, 시비를 가릴 능력도 없는 사람이다. 이런 부류의 사람들은 다른 사람들이 파놓은 함정에 쉽게 빠질 수 있다. 남의 의견을 무턱대고 따르는 사람은 담 꼭대기에 난 풀이 바람이 불 때마다 이리저리 흔들리는 것처럼 기회주의자가 되기 쉽다.

많은 사람들의 의견을 따르는 것이 현명한 행동이라고 생각할 수도 있다. 그러면 혼란스러운 상황 속에서도 최소한의 실속은 차릴 수 있을 것이고, 몸을 보전할 수도 있을 테니 말이다. 하지만 그 대가로 일과 상황에 대한 주도권은 상실하게 된다.

무더운 여름날, 사방이 쥐죽은듯 조용했다. 거미 한 마리가 먹이를 잡기 위해 거미줄을 치고 있었다. 거미는 배가 너무 고팠다. 거미줄이 완성된 후, 거미는 뒤에 숨어서 먹잇감이 걸려들기만을 기다렸다.

그때 파리 한 마리가 앵- 소리를 내며 날아왔다. 거미는 파리에게 말했다.

"이봐, 예쁜이. 잠깐 쉬었다 가. 너를 위해 이렇게 쉼터를 준비했어."

파리는 눈을 살짝 내리깔고 한참 동안 거미줄을 쳐다보더니 "지금 나를 속이려는 거지? 하지만 난 안 속아"라고 말하고는 날아가 버렸다.

거미는 의아했다.

"어라? 뭐가 잘못된 거지? 저 파리 녀석이 머리가 너무 좋은 건가?"

똑똑한 파리는 계속 하늘을 날아다니며 말했다.

"감히 나를 속이려 들어? 쉼터라는 곳에 파리 한 마리 안 보이는 걸. 저건 분명 함정일 거야. 난 정말 똑똑하다니까."

파리는 계속 하늘을 날아갔다. 어딘가를 지나는데, 파리 한 무리가 모여 있는 것이 보였다.

"다들 뭐 하는 거지? 무슨 좋은 일이라도 있나본데? 나라고 빠질 수 없지."

파리는 급히 그곳으로 날아갔고, 순간 몸이 뭔가에 걸린 것을 깨달았다.

"속았다. 뭔가에 걸렸어."

옆을 보니 수많은 파리들이 끈끈이에 걸려 옴짝달싹 못한 채 발버둥치고 있었다. 움직이면 움직일수록 몸이 더욱 달라붙었다. 그런데도 파리들이 계속 날아들었다. 자신이 똑똑하다고 자부한 파리는 그제야 왜 이렇게 많은 파리들이 한꺼번에 걸려들었는지를 깨달았다.

사람에게는 기본적으로 다수의 의견을 따르고자 하는 심리가 있다. 물론 다수의 의견을 따르면 위험을 피할 수도 있다. 그러나 뚜렷한 주관 없이 맹목적으로 다른 사람들을 따라 하는 것은 그다지 좋은 행동이라 할 수 없다. 스스로 생각해 판단하지 않고 다른 사람만 따라 하는 것은 자기 무덤을 파는 행위다.

용감한 병사는 맹목적으로 **복종**하지 않는다

파스칼은 이런 말을 했다.

"이성과 지혜의 최고 단계는 많은 일들이 우리 힘으로 되지 않는다는 것을 깨닫는 것이다."

그렇다. 세상에는 우리의 능력만으로 할 수 없는 일들이 수두룩하게 많다. 우리는 자신의 능력을 직시해야 한다. 상사가 잘못된 지시나 명령을 하면 아무 생각 없이 따르지 말고, 옳지 않다는 의견을 표명할 줄도 알아야 한다. 이성과 지혜는 맹종보다 더 진실하고 고귀하기 때문이다.

미 해군 총사령관 매킨지 장군이 친구이자 당시 육군 총사령관이었던 마셜 장군을 만났다. 초급 장교 시절의 이야기를 나누던 중 매킨지 장군이 마셜 장군에게 말했다.

"우리 해군이 전 세계에서 가장 용감한 군대라는 것은 자네도 잘 알고 있겠지? 육군도 그러길 바라네."

그러자 마셜 장군은 미 육군도 세계에서 가장 용감한 군대라고 말했다. 그러자 매킨지 장군이 응수했다.

"그렇다면 자네의 병사들이 얼마나 용감한지 나에게 증명해 보일 수 있겠나?"

마셜 장군은 지나가는 병사를 불러 세우고는 움직이고 있는 탱크를 몸으로 막으라고 명령했다. 그러자 병사는 "장군님, 어디 편찮으십니까? 저는 바보가 아닙니다"라고 말하고 황급히 자리를 떴다.

마셜 장군이 매킨지 장군에게 말했다.

"봤지? 진정으로 용감한 병사만이 장군에게 이렇게 말할 수 있다네."

용감하다는 것은 무엇일까? 맹목적으로 상사의 명령을 따라 불바다라도 뛰어들어야 하는 것일까? 맹목적인 희생이 진정 용감한 행동일까? 아니다. 진정한 용기는 진리에 복종하고 권력에는 불복종하는 것이다. 명령에 무조건 복종하기보다는 진리에 복종하는 것이 진정한 용기이다.

소문만 믿는 **바보**

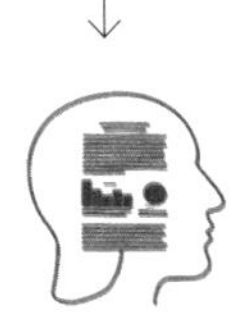

금융계의 투자자들은 정해진 규칙에 따라 행동하지만, 그중에서도 돋보이는 투자자들은 자신만의 철학을 가지고 있다. 그래서 투자 결과의 기복과 부침을 담담하게 바라본다. 워런 버핏의 절친한 친구이자 '월 가의 학장'이라고 불리는 벤저민 그레이엄이 우화 하나를 소개한 적이 있다. 그는 이 우화를 통해 주식 투자자들의 맹목성을 꼬집었다.

석유탐사 일을 하던 사람이 죽은 뒤 천국에 갔다. 성 베드로가 천국 문 앞에서 그를 가로막으며 말했다.

"당신은 천국에 들어올 자격이 있지만, 석유 사업자들이 거주할 공간이 이미 다 찼습니다. 그래서 당신이 들어설 자리가 없군요."

그는 한참 동안 생각한 뒤 성 베드로에게 부탁했다.

"그러면 천국 안에 있는 석유 사업자들에게 한마디만 하게 해 주십시오."

성 베드로는 별로 어려운 부탁이 아니라고 생각하여 그의 청을 들어주었다. 그는 천국으로 뛰어 들어가 큰 소리로 외쳤다.

"지옥에서 유전이 발견됐답니다!"

그의 말이 떨어지기가 무섭게 천국 문이 열리더니 사람들이 미친 듯이 달려나와 지옥으로 뛰어 들어갔다. 성 베드로가 놀라며 말했다.

"저들이 지옥으로 건너갔으니 이제 당신은 천국으로 들어올 수 있겠군요."

그러나 그는 말했다.

"아닙니다. 저 사람들과 함께 지옥에 가서 루머가 맞는지 확인해 봐야겠습니다."

이 우화에는 맹목적으로 다른 사람들을 따라가지 말라는 교훈이 담겨 있다. 실제로 주식시장에서 주가가 오를 때나 내릴 때 남들이 하는 대로 쫓아가다 보면 손해를 보기 십상이다. 그래서 많은 사람들이 주식으로 돈을 잃는 것이다. 투자 경험이 많은 사람들도 급변하는 주식시장에서 중심을 잡기란 쉽지 않다. 금융학자들은 이러한 현상을 '쏠림 현상'이라고 말한다. 워런 버핏 역시 다음과 같은 에피소드를 통해 주식 투자자들의 맹목적인 쏠림 현상을 꼬집었다.

레밍은 북극에 사는 동물인데 번식력이 굉장히 강하다. 이론적으로 레밍 한 마리가 수만 마리의 새끼를 낳는다. 하지만 대량 번식으로 개체수가 급증해 포화 상태에 이르면 이상한 현상이 일어난다. 이동하려는 욕구가 강해지면서 무리를 지어 한 방향을 향해 밤낮 없이 움직이는 것이다. 그리고 마침내 바다로 뛰어든다. 워런 버핏은 "맹목적인 투자 행위는 레밍의 자살 행위와도 유사하다"고 말했다.

유사 이래 가장 성공한 펀드 매니저인 피터 린치는 "내가 원하지 않는 주식이 있다면, 그것은 가장 뜨는 산업에서 가장 주목받는 주식일 것이다"라고 말했다.

펀드 시장이 아무리 호황을 누리고 많은 수익을 창출해낸다 해도 내 펀드도 덩달아 큰 수익을 낼 거라고 기대해서는 안 된다. 펀드를 통해 장기적이고 안정적인 수익을 내고 싶다면 펀드의 내용과 건실함에 따라 신중하게 선택해야지, 당장 얼마가 오를 것인가만 따져서는 안 된다. 무조건 남을 따라가면 결국 실패하기 마련이다. 누구나 마찬가지이다.

때로는 **다른 길**을 찾아야 한다

루쉰은 이런 말을 했다.

"가장 먼저 게를 먹을 줄 아는 사람이 진정한 용사다."

게의 생김새가 날카롭기 때문에 '가장 먼저 게를 먹은 사람'은 성공할 가능성이 크다. 새로운 것을 탐색하지 않는 사람은 사회에서 도태될 수밖에 없다. 때로는 다른 길을 찾아야 한다.

앨런은 가난한 농부였다. 그가 성공한 이유는 상황에 따른 변화가 빨랐기 때문이었다. 미국 서부에 금광 열풍이 일던 시절, 그도 다른 사람들처럼 금에 미쳐 서부로 건너갔다. 서부의 날씨가 너무 건조하고 연일 폭염이 이어지면서 식수를 구하기가 쉽지 않았다. 오랫동안 금을 캐도 큰 수익이 없자, 앨런은 과연 금 캐는 일을 계속해야 할지 말지 곰곰이 생각했다. 그는 금 캐는 일을 과감히 접고 물 사업에 뛰어들었다.

동료들은 어리석다고 그를 비웃었다. 떼돈을 벌 기회를 버리고 겨우 물이나 팔아 이윤을 조금 남겨보려는 그가 바보라고 놀려댔다.

하지만 그의 결심은 확고했다. 그는 수로를 만들고 물을 끌어왔다. 그리고 물의 불순물을 걸러낸 뒤 병에 담아 팔기 시작했다. 병당 가격이 싸서 이윤이 많이 남지는 않았지만, 박리다매 덕분에 사업은 날로 번창했다. 그와 함께 금을 캐러 온 사람들이 아무런 수익 없이 허탈하게 돌아갈 때 그는 오히려 물 사업으로 많은 돈을 벌었고, 결국 미국에서 손꼽히는 부자가 되었다.

앨런은 남들을 무조건 따라 하지 않았다. 자신의 상황을 고려해 이성적으로 판단한 뒤 다른 길을 선택했다. 인기도 없고 이윤도 적었지만 확실한 아이템을 선택해 착실하게 한 계단 한 계단 밟아 올라갔다. 앨런이 성공을 거둔 것은 언뜻 우연처럼 보이겠지만, 사실은 필연적인 결과다. 그는 과감히 새로운 시도를 했다. 용감하게 게를 먹는 1번 타자로서 성공을 향해 묵묵히 나아갔던 것이다.

우리는 매일 많은 것을 찾아 헤맨다. 다른 사람이 대학에 가면 나도 가고, 다른 사람이 해외로 나가면 나도 나간다. 다른 사람이 명품을 사면 나도 따라 사고, 다른 사람이 영어 공부를 하면 나도 뒤질세라 따라 한다. 빛의 속도로 변화하는 이 시대에 다른 사람의 꽁무니만 쫓아다니며 시간과 에너지를 낭비하고 있다. 그러기보다는 현실적인 목표를 설정하고 나아갈 방향을 제대로 잡는 것이 좋다. 그러면 삶의 매 순간이 의미 있어질 것이다.

고집

고집은 선입견을 가진 사람이 융통성마저 없을 때 나타나는 심리 현상이다. 사람은 자신의 가치관에 따라 사물을 인지하고 그 가치를 판단한다. 그러므로 대부분의 사람들은 주관성이 강하다.

상황이나 사물에 대해 잘못된 인식을 하고도 다른 사람의 의견을 받아들이지 않고, 자신의 생각을 고치려고 하지도 않는다. 그것만으로도 모자라 똑같은 잘못을 계속 반복한다.

고집은 자신의 의견이나 입장을 고수하는 것과는 다르다. 사실 고집을 꺾고 마음의 빗장을 여는 것은 그리 어려운 일이 아니다. 잘못된 생각을 그때그때 고치고 새로운 것을 기꺼이 받아들인다면, 고집이라는 마음의 빗장은 자연스럽게 열릴 것이다.

신부님의 **고집**

우리는 종종 쓸데없는 고집 때문에 눈앞의 기회를 흘려보내기 십상이다. 기회가 바로 눈앞에 찾아와도 그것이 자기 것인지 판단하지 못한다. 무엇이 자기 것인지 제대로 분별하지 못해 결국 기회를 놓치고 만다.

어느 작은 마을에 선량하기로 소문난 신부님이 살고 있었다. 신부님의 신앙은 이 세상 어느 누구도 따라오지 못할 정도로 깊었다. 어려움을 당하거나 고통받는 사람들은 다들 성당으로 달려와 신부님을 찾았다. 그때마다 신부님은 그들에게 말했다.

"진심을 다해 기도하세요. 그러면 하느님께서 구원해주실 것입니다."

하루는 마을에 큰비가 내렸다. 비는 몇 날 며칠 이어졌고, 물이 범람하면서 마을 전체가 머지않아 물에 잠길 것 같았다. 그때 신부는 성당에서 경건하게 기도를 드리고 있었다. 마을 주민 하나가 성당으로 달려와 신부에게 말했다.

"신부님, 저희와 함께 피난 가셔야 합니다. 마을이 곧 물에 잠길 것 같습니다."

신부는 고개를 저으며 말했다.

"먼저들 가세요. 저는 하느님께서 저를 구해주실 거라 믿습니다."

사람들은 더 이상 말하지 않고 다른 곳으로 피신했다. 빗줄기는 점점 더 거세졌다. 마을 주민 하나가 배를 타고 신부에게 왔다.

"신부님, 얼른 배에 오르십시오. 저희와 함께 빨리 빠져나가셔야 합니다."

신부는 좀 더 높은 곳으로 올라가며 그에게 말했다.

"괜찮습니다. 여러분 먼저 가세요. 저는 괜찮을 거예요. 하느님께서 저를 구해주실 겁니다."

마을 주민이 몇 번이고 설득했지만, 신부는 한사코 배에 올라타지 않았다. 마을 주민은 하는 수 없이 배를 몰고 그곳을 떠났다. 마을이 점점 물에 잠기기 시작하자 경찰이 경비정을 타고 성당으로 왔다. 물은 이미 신부의 가슴까지 차올라 있었다.

"신부님, 빨리 배에 타세요. 위험하니 여길 떠나셔야 합니다."

그러나 신부는 고개를 저으며 말했다.

"저는 이곳을 지켜야 합니다. 하느님께서 저를 구원해주실 겁니다. 당신은 다른 분들을 구하세요."

수위가 높아질 때마다 신부는 계속 더 높은 곳으로 기어 올라갔고, 결국 성당 지붕까지 올라갔다. 그는 온통 물에 잠긴 마을을 내려다보았다. 마치 바다 한가운데에 홀로 떠 있는 것 같았다. 하지만 그는 여전히 경건한 목소리로 기도했다.

"하느님, 빨리 저를 구해주십시오. 제가 여기서 당신을 기다리고 있습니다."

그때 구조대원들이 구명보트를 몰고 신부 쪽으로 다가왔다. 구조대원들은 신부를 발견하고 기쁜 목소리로 외쳤다.

"저기 사람이 있다!"

구조대원 한 사람이 팔을 뻗으며 신부에게 말했다.

"신부님, 빨리 제 손을 잡으세요. 위험하니 여기를 빠져나가셔야 합니다."

그러나 신부는 그를 보고 고개를 저으며 말했다.

"아닙니다. 저는 여기서 하느님이 구해주실 때까지 기다릴 겁니다."

구조대원이 다급한 목소리로 외쳤다.

"이 보트가 마지막 구명보트입니다. 다른 구조대원들은 이미 다 철수했어요. 빨리 올라타세요."

하지만 신부는 고집을 꺾지 않았다.

"먼저들 가세요. 저는 하느님께서 구해주실 테니까요."

마침내 물은 성당 꼭대기까지 차올랐고, 신부는 결국 물에 빠져 죽었다. 그는 천국에서 그토록 기다리던 하느님을 만났다. 그는 크게 상심해 있었다. 하느님이 끝내 그를 홍수에서 구해주지 않았기 때문이었다.

그는 하느님 앞으로 다가가 원망 섞인 목소리로 말했다.

"하느님, 저는 당신을 정말 사랑합니다. 항상 경건한 마음으로 당신을 믿었고, 늘 같은 자리에서 당신을 기다렸습니다. 언젠가는 당신께서 제 앞에 나타나 저를 구해주실 줄 알았습니다. 하지만 당신은 결국 나타나지 않으셨습니다. 정말 실망스럽습니다."

하느님은 신부를 물끄러미 바라보더니 안타까운 목소리로 말했다.

"네가 얼마나 신앙심이 깊은지는 나도 충분히 알고 있고 많은 감동을 받았다. 그래서 내가 너에게 세 번의 기회를 주지 않았느냐? 첫 번째로 마을 주민을 너에게 보냈고, 두 번째로 경찰을 보냈으며, 세 번째로 구조대원까지 보냈다. 하지만 너는 모두 거절했다. 너는 왜 그렇게 고집을 꺾지 못하는 것이냐? 정말 내가 직접 나타나서 너를 구해줄 줄 알았던 것이냐? 이 고집불통 같으니라고!"

신부는 하느님의 이야기를 듣고 충격에 빠져 할 말을 잃었다. 그러나 후회하기엔 너무 늦었다. 그는 이미 천국에 와 있었다.

고집은 우리의 삶에서 걸림돌이 될 때가 많다. 때때로 우리는 코앞에 기회가 왔음에도 불구하고 고집 때문에 그 기회를 알아보지 못한다. 그래서 눈앞의 기회를 놓쳐버리기 일쑤다. 그것이 기회였다는 것을 깨달을 때는 이미 늦다.

행복이 떠나가는 이유

영국의 처칠 수상은 "고집스러운 사람은 실수를 자주 한다"고 말했다. 우리는 고집 때문에 많은 것을 잃을 수 있다. 실패나 성공을 눈앞에 두었을 때는 자신의 생각만 고집하지 말고 다른 사람의 의견에 귀를 기울일 줄도 알아야 한다.

남음 대사는 유명한 선사禪師였다. 그는 늘 주옥같은 말로 사람들의 괴로움을 풀어주었다. 한번은 어떤 사람이 사업에 실패하고 남음 대사를 찾아왔다. 그는 자신이 빈털터리가 된 것을 남들이 알아챌까 봐 일부러 큰 파티를 연다고 했다. 친구들 앞에서도 사업 실패와 힘든 처지를 애써 숨겼다. 그에게 체면은 목숨보다 중요했다. 죽는 것보다 체면 깎이는 것이 더 두려웠다.

그래서 자신도 매우 어려운 처지인데도 불구하고 친구들이 돈을 빌리러 오면 아무렇지도 않게 돈을 빌려줬다. 부자였을 때 하던 습관을 버리지 못했다. 사업에 실패해 가세가 기울었는데도 여전히 주말이면 친구들을 집으로 초대해 성대한 파티를 열었다. 참다못한 아내가 그에게 말했다.

“여보, 이제 우리 형편이 예전 같지 않아요. 계속 이런 식으로 살면 안 돼요. 갚아야 할 빚도 많은데 우리가 무슨 돈이 있다고 친구들을 계속 초대해요?”

그러자 그는 아내의 말을 막으며 말했다.

“나에게 친구가 얼마나 소중한지 모르오? 비록 지금 우리가 빈털터리가 되었지만, 친구들을 집으로 초대하는 일은 아주 중요하오. 이미 몸에 밴 습관을 어떻게 바꿀 수 있겠소?”

아내는 그의 고집 앞에서 아무 말도 못 하고 눈물만 흘렸다. 체면을 중시하는 그의 고집 때문에 아내는 무척 힘들어했다. 빚은 눈덩이처럼 불어갔고, 결국 아무도 그에게 돈을 빌려주지 않았다. 그즈음 아내도 더는 견디지 못하고 그의 곁을 떠났다. 그는 절망한 나머지 홀로 절을 찾아왔다. 그는 절 앞을 한참 동안 배회하다가 문을 두드렸다. 문을 열어준 스님에게 그가 말했다.

“남음 대사님을 뵈러 왔습니다.”

스님은 그를 남음 대사의 거처로 데려갔다. 그는 남음 대사에게 그간 자신이 겪은 일들을 털어놓았다.

“대사님, 저는 이제 어떻게 해야 합니까? 사업도 실패했고, 아내도 떠나버렸습니다. 너무 괴로워 미칠 것 같습니다. 어떻게 해야 할지 좀 가르쳐주세요.”

남음 대사는 묵묵히 그의 말을 들었다. 그러고는 아무 말 없이 방에서 나갔다. 그가 이상하다고 여기며 대사를 기다리고 있는데, 대사가 찻주전자를 들고 들어왔다.

"자, 차 한 잔 드시지요."

그의 앞에 찻잔이 놓였다. 남음 대사는 찻주전자를 들더니 그 찻잔에 차를 천천히 따랐다. 찻잔이 다 찼지만 대사는 계속 차를 따랐다. 찻잔의 차는 이내 넘치기 시작했다.

그가 말했다.

"대사님, 잔이 이미 다 찼습니다. 이제 그만 따르셔도 됩니다."

하지만 대사는 그의 말을 들었는지 못 들었는지 계속 차를 따랐다. 결국 그는 자리에서 벌떡 일어나 대사 손에 들린 찻주전자를 가로채고는 질책하는 투로 말했다.

"대사님, 잔이 넘치지 않습니까?"

그러자 남음 대사는 미소를 지으며 말했다.

"그래요, 찻잔에 차가 다 찼어요. 당신 아내는 당신의 사업 실패 때문에 떠난 것이 아닙니다. 찻잔에 이미 차가 다 찼는데도 당신이 아내의 말을 듣지 않고 계속 차를 따랐기 때문에 떠난 겁니다."

대사의 말을 다 듣고 난 그는 자신이 지금 이렇게 괴로운 것은 체면 때문이 아니라 자기의 고집 때문임을 깨달았다. 그 사실을 깨달은 후 그는 처가로 가서 진심으로 사과하고 아내를 데려왔다. 그리고 처음부터 다시 시작했다.

우리가 실패하는 것은 실수나 잘못 때문이 아니라 고집 때문일 때가 많다. 실수인 줄 알면서도 고치지 않는 것이 바로 고집이다. 문제를 근본적으로 해결하고 싶다면 고집스러운 태도를 버려야 한다. 근본적인 문제가 해결되어야 실수가 바로잡힌다.

두 친구의
서로 다른 **선택**

성공하고 싶다면 무슨 일을 하든 상황에 따라 유연하게 대처할 수 있어야 한다. 막다른 골목까지 내몰렸는데도 고집을 꺾지 않는다면 성공은 더욱더 멀어질 것이다.

존과 토니라는 젊은이가 있었다. 두 젊은이는 어릴 때부터 같은 마을에서 함께 자란 친한 친구 사이였다. 존과 토니는 농업과 목축업을 하며 소박하게 살고 있었다. 하지만 시간이 흐르고 나이가 들자, 마을을 떠나 성공해서 돌아온 사람들이 대단하게 보이고 멋있어 보였다. 그들도 마을을 떠나 더 넓은 세상을 경험하고 싶었다. 그래서 두 사람은 논과 밭을 팔아 사업을 시작하기로 하고 사업 아이템을 찾아 길을 떠났다. 얼마 후, 그들은 마麻가 많이 나는 지역에 도착했다. 존이 토니에게 말했다.

"우리 고향은 여름이면 습하고 덥잖아? 마로 옷을 만들어 입으면 시원하니까 우리 고향에서 잘 팔릴 것 같아. 틀림없이 잘될 거야."

토니도 존의 말이 일리가 있다고 생각해 가진 돈을 탈탈 털어 상당량의 마를 샀다. 얼마 후 그들은 모피가 많이 나는 지역에 도착했다. 그 지역에서는 마가 거의 나지 않아 마의 가격이 굉장히 비쌌다. 대신 모피 가격은 굉장히 쌌다. 존이 토니에게 말했다.

"우리가 가진 마를 모피로 바꾸자. 그러면 돈을 더 많이 벌 수 있을 거야. 우리 고향에서도 모피가 더 잘 팔릴 것 같아."

토니가 대답했다.

"아니야. 내 생각에 우리 고향에서는 모피보다 마가 더 인기 있을 것 같아. 그리고 이미 마를 다 말아서 실었는데 다시 풀려면 귀찮잖아."

그러자 존이 말했다.

"그러면 내 마만 풀어서 모피로 바꿀게."

존은 곧바로 마를 가져다가 모피로 바꿨다. 존은 마 조금, 모피 조금, 그리고 어느 정도의 돈을 챙겼다. 하지만 토니는 처음에 산 마 말고는 아무것도 없었다. 두 친구는 계속 다른 곳으로 이동했고, 이윽고 약재가 많이 나는 곳에 도착했다. 그곳은 날씨가 추워서 모피의 수요가 많았다. 존은 그곳에서 갖고 있던 모피의 일부를 약재와 바꾸어 또 이익을 남겼지만 토니는 아무것도 남기지 못했다.

다음으로 두 친구는 금이 많이 나는 곳에 도착했다. 그곳은 금 가격은 쌌지만 마는 굉장히 귀하고 비쌌다. 약재에 대한 수요도 많았다. 존이 토니에게 말했다.

"여기는 금이 정말 싼 것 같아. 그런데 마는 비싸니까 네 마를 여기서 다 팔아. 그리고 그 돈으로 금을 사서 고향으로 돌아가. 그러면 평생 돈 걱정은 안 해도 될 거야."

하지만 토니는 고개를 저으며 말했다.

"싫어. 나는 마를 모두 고향으로 가져가서 팔 거야. 고향에서는 마가 훨씬 높은 값에 팔릴 거야."

토니가 고집을 부리자 존은 더 이상 말하지 않았다. 존은 자기가 가지고 있던 모피와 약재를 모두 금으로 바꿨다. 존은 금을, 토니는 마를 가지고 고향으로 돌아갔다. 마는 고향에서 꽤 인기가 좋아서 토니는 가지고 온 마를 모두 팔았다. 하지만 고향 사람들이 돈이 많지 않아서 높은 가격에 팔지는 못했다. 반면 존은 금 덕분에 마을에서 가장 큰 부자가 되었다.

신념을 지키는 것은 좋은 일이지만, 신념을 지키면서도 시기를 잘 살필 줄 알아야 한다. 좋은 기회가 찾아와 융통성을 발휘해야 하는데도 고집을 기어이 꺾지 않는다면, 결국 큰 것을 얻지 못하고 평범한 삶을 살게 될 뿐이다.

어리석은 **고집**

실권을 가진 관리자나 중대한 결정을 내려야 하는 정책 결정자에게 고집은 때로 자신을 겨냥하는 날카로운 칼날이 될 수 있다. 많은 경험을 하며 인생을 살아온 사람들에게 살아오면서 가장 후회되는 일이 무어냐고 물어보면, 포기하지 말아야 할 것을 포기하고 고집 부리지 말아야 할 때 고집 부린 일이라고 대답하는 경우가 많다.

동한 말년, 크고 작은 할거 세력들이 세력을 형성하기 시작했다. 하북의 원소, 연예의 조조, 서주의 여포, 양주의 원술, 강동의 손책, 형주의 유표 등이 대표적인 인물이었다. 이들 할거 세력들이 1년 내내 쉬지 않고 전쟁을 하는 동안, 원소와 조조 두 진영이 세력권을 가장 크게 넓혀갔다.

건안 원년(196), 조조가 한나라 헌제를 등에 업고 정치적 기반을 확보했다. 건안 2년 봄, 원술은 수춘에서 황제가 되었다. 건안 3년, 원소가 공손찬을 물리치고 청, 유, 기, 병, 네 주를 차지했다. 후에 조조는 '천자의 명을 받들지 않은 자는 신하가 아니다'라는 미명하에 원술을 격파하고, 이어서 여포 등도 제거해 원소와 남북 대립 구도를 형성했다.

원소의 병력은 조조보다 훨씬 더 강력했고, 규모 면에서도 조조의 병력을 압도했다. 게다가 원소는 그때까지 전쟁터에서 늘 승승장구했다. 하지만 그런 경험 때문에 원소는 시간이 갈수록 고집스럽게 변해갔다.

일찍이 서기 195년, 조조는 한나라 헌제를 옹립해 그와 함께 허창에 도읍을 정했다.

원소의 부하들이 이 상황을 보고 원소에게 건의했다.

"우리는 지금 식량도 병력도 충분합니다. 하지만 병사들의 용맹성은 조조의 병사들보다 못합니다. 대신 조조는 식량이 부족한 상황입니다. 그러니 이번 전쟁에서 조조를 이기려면 지구전을 벌여야 합니다. 다른 방법으로 하면 후환이 따를 수 있습니다."

하지만 고집이 센 원소는 부하들의 건의에 귀를 기울이지 않았다.

조조와 원소는 수차례 전투를 벌였지만 어느 쪽도 이렇다 할 승리를 거두지 못했고, 병사들은 갈수록 지쳐갔다. 조조의 백성들은 조세 부담 때문에 속속 다른 곳으로 떠났다. 이런 상황 속에서 조조는 초조해졌다. 그는 원소의 병사들을 한 번에 대파할 묘책을 내보라고 부하들을 다그쳤다.

그때 조조에게 편지 한 통이 도착했다.

'원소는 자신의 군대를 관도로 집결시켜 승리를 결정지으려 할 것입니다. 승상의 병력은 원소의 병력보다 약합니다. 이런 상황에서 원소와 정면 대결하는 것은 계란으로 바위를 치는 격입니다. 원소의 최대 단점은 바로 고집입니다. 부하들의 의견에 귀를 기울이지 않고 받아들이지도 않지요. 지금이 절호의 기회입니다. 승상께서는 부하들의 의견에 귀를 기울이십시오. 승상의 부하들이 분명 묘책을 낼 것이고, 그 묘책이 바로 승상이 원소에게 이길 수 있는 방법이 될 것입니다.'

조조는 이 말이 굉장히 일리가 있다고 생각했다. 그래서 원소가 관도로 들어갈 때 몸을 숙이고 조용히 기다렸다.

얼마 후, 원소의 군량미가 관도에 도착했을 때, 조조의 장수들 중 하나가 조조에게 방책을 올렸다.

"원소 진영의 군량미가 곧 도착합니다. 지금 군사를 보내 공격하면 승리하실 수 있습니다."

조조는 좋은 묘책이라 생각하고 물었다.

"그렇다면 누구를 보내면 좋겠느냐?"

그가 대답했다.

"서황이 이 일을 해낼 것입니다."

서황은 정예부대를 이끌고 가 원소의 군량미 수레를 공격해 불태워 버렸다.

원소는 다시 군량미를 확충해 출발시키려 했다. 그러자 원소의 부하 중 한 사람이 원소에게 간곡히 권했다.

"병력을 증원해 군량미 수레를 완전히 에워싸 지킨다면 조조가 쉽게 공격하지 못할 것입니다."

하지만 원소는 부하의 말을 듣지 않았다. 부하가 다시 말했다.

"조조는 이미 수차례의 전쟁으로 식량이 소진되었습니다. 더구나 모든 병력을 동원해 우리에게 저항하고 있기 때문에 허창까지 돌볼 여력이 없습니다. 이 틈을 타서 우리가 정예 기병을 보내 허창을 습격한다면 쉽게 손에 넣을 수 있을 것입니다. 그리되면 조조의 최전방 병력은 당황하여 전열이 흐트러질 것이고, 그때를 틈타 공격하면 분명히 승리할 수 있을 것입니다."

그러나 원소는 그 말에 고개를 저으며 말했다.

"아니다. 나는 먼저 조조부터 처리해야겠다."

얼마 후, 원소에게 건의를 했던 부하의 가족이 법을 어겨, 원소는 그들을 체포하라는 명령을 내렸다. 그러자 그는 원소에게 화가 나 곧바로 조조 진영으로 도망가 항복했다.

조조는 그를 극진히 맞아들이고 그의 의견을 구했다. 조조는 그의 입을 통해 원소의 군세軍勢를 속속들이 파악할 수 있었다. 결국 조조는 원소와의 전쟁에서 승리를 거두었다.

원소는 조조보다 강했지만 결국 조조에게 졌다. 성격이 운명을 결정한 좋은 사례라 할 수 있다. 만일 원소가 고집을 부리지 않고 부하의 의견에 귀를 기울였더라면, 최종 승자는 조조가 아닌 원소가 되었을 것이다.

실권을 가진 사람이 가장 경계해야 할 것이 바로 고집이다. 실권을 가지고 있는 관리자나 중대한 결정을 내려야 하는 정책 결정자에게 고집은 치명적인 해를 가져올 수 있다. 사람의 지혜는 유한하다는 사실을 인정해야 한다. 때로는 제3자가 보는 것이 더 정확할 수 있다. 그러므로 올바른 결정을 내리고 싶다면 고집스러운 태도를 버리고 다른 사람의 의견에 귀를 기울일 줄 알아야 한다. 그래야 성공에 가까이 다가갈 수 있다.

지키지 못할 약속

신뢰는 입신(立身)의 근본이다. 신뢰를 지키려면 쉽게 약속하지 않는 것이 최선책이다. 그래야 신의를 저버리는 실수를 하지 않게 된다. 심사숙고하지 않고 다른 사람의 요구를 쉽게 수락했다가 나중에 약속을 못 지키게 되면 신뢰를 잃게 된다. 일단 약속한 것은 그것이 무엇이든 반드시 지켜야 한다.

'한 번 한 말은 천금과도 같다'는 말이 있다. 공자는 "민무신불립(民無信不立)"이라고 말했다. 사람의 언행은 신뢰를 기본으로 해야 한다는 뜻이다.

취소된 보너스

웨이룬 그룹은 굴지의 대기업으로, 주로 엔진을 생산하고 있었다. 민간용이든 군사용이든 선외 모터(작은 배의 꼬리 부분에 다는 모터) 수요가 급증하고 있었는데, 당시 중국 내 선외 모터는 주로 수입에 의존하고 있는 상황이었다. 웨이룬 그룹은 선외 모터의 이윤이 엔진을 팔아 남기는 이윤보다 훨씬 크고 시장성도 무한하다는 것을 알고 선외 모터의 연구 개발에 착수했다. 2000년, 웨이룬 그룹은 선외 모터를 연구 개발하는 프로젝트 팀을 만들었다. 웨이룬 그룹의 사장은 시장을 선점하고 연구 개발에 가속도를 내기 위해 프로젝트 팀에게 약속했다.

"정해진 시간 안에 일정 기술 수준에 부합하는 제품을 개발하면, 팀원당 10만 위안의 보너스를 지급하겠습니다."

기술 수준에 부합하는 제품이 개발되었다. 하지만 시장의 반응은 기대에 미치지 못했다. 많은 고객들이 제품의 품질과 성능을 못 미더워해 관망하는 상황이었으므로 그 제품은 시장을 그리 많이 확보하지 못했다. 그러자 회사 임원진은 개발한 제품이 예상했던 성과를 거두지 못했다는 이유로 보너스 지급 약속을 이행하지 않았다. 연구원들은 임원진의 행동에 실망했고, 제품 개발에 대한 열정도 상실했다. 반년이 채 되지 않아 연구원 중 절반 이상이 회사를 떠났다.

그러나 5년이 지난 후, 선외 모터에 대한 수요가 급증하기 시작했다. 웨이룬 그룹은 다시 프로젝트를 가동했지만, 이미 연구원 중 절반이 회사를 떠나 프로젝트 진행이 여의치 않았다.

쉽게 약속하는 사람은 쉽게 약속을 저버리는 경향이 짙다. 임원진은 쉽게 약속했고, 그 후 약속을 지키지 않아 직원들의 사기를 떨어뜨렸다. 기업을 운영하는 사람은 자기 직원들을 아끼고 사랑해야 한다. 성실하고 신뢰 있는 태도로 직원들을 대해야 한다. 그래야만 직원들도 회사를 위해 진심을 다해 충성한다.

직원들이 열심히 일하게 하려면 보너스나 인센티브를 주는 방법이 가장 효과적이지만, 정책 결정자들은 반드시 신중하게 생각한 다음 약속을 해야 하고, 한 번 한 약속은 꼭 지키려고 노력해야 한다. 어떠한 경우든 절대 가볍게 약속해서는 안 된다. 한 번 잃은 신뢰는 회복하기 힘들기 때문이다.

신뢰를 지키면 **좋은 관계**를 맺을 수 있다

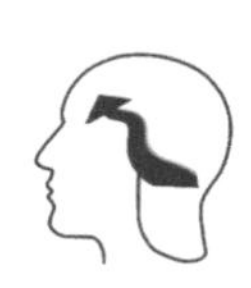

칼은 펩시콜라의 CEO다. 오늘은 그의 딸의 생일이고, 그는 딸의 생일 파티를 위해 만반의 준비를 해두었다. 함께 생일을 보내겠다고 딸과 약속도 했다. 퇴근 준비를 하고 있는데, 시장이 전화를 걸어와 그를 파티에 초대했다.

칼은 "죄송합니다만 참석하기 힘들 것 같습니다. 오늘이 제 딸 생일이라서요. 함께 생일 파티를 하기로 딸과 약속을 했습니다"라고 말하며 정중히 거절했다.

칼은 백화점에 가서 딸의 생일 선물을 고른 후, 아내와 딸과 함께 생일 파티 장소인 시내의 한 놀이공원에 도착했다. 칼과 아내는 딸이 세상에서 가장 즐겁고 행복한 생일을 보내도록 휴대폰까지 진동 모드로 바꿨다.

딸이 촛불을 끄고 케이크를 자르려는 순간, 칼의 비서가 헐레벌떡 뛰어왔다. 그는 중요한 고객이 오늘 저녁 그와 만나기를 원하고 있다고 칼에게 전했다. 칼은 몹시 난처해하며 "하지만 나는 오늘 저녁을 딸과 함께 보내기로 이미 약속했네"라고 말했다.

"사전에 약속하진 않았지만 꼭 뵙고 싶다고 하십니다. 오늘 우연히 이곳에 들르게 되셨는데, 사장님이 여기 계시다는 것을 알고 할 말이 생각나셨다고요."

비서가 말했다.

생일을 맞은 딸과 회사의 중요한 고객을 두고 칼은 잠시 고민했다. 마침내 칼이 말했다.

"딸의 생일 파티를 망칠 수는 없네. 그 고객께는 약속 시간을 잡고 내가 직접 찾아뵙는다고 전해주게나. 정말 죄송하다는 말도 함께."

사실 그 고객은 칼의 회사에 정말 중요한 사람이었다. 비서는 그것을 잘 알고 있었기에 다시 한 번 칼을 설득했다.

"한 번 더 고려해주십시오. 고객을 만난 후에 다시 오셔도……."

옆에서 지켜보던 딸이 칼에게 말했다.

"아빠, 일 먼저 보고 오세요. 저는 엄마랑 같이 있을게요."

하지만 칼은 고집을 꺾지 않았다.

"나는 약속을 저버리는 아빠가 되고 싶지 않구나. 시장이 여는 파티, 고객과의 만남도 중요하지만, 나는 한 달 전에 내 딸과 한 약속이 더 중요하다고 생각한단다."

칼의 결연한 표정을 보고 비서는 더 이상 말하지 않았다.

이튿날, 칼은 회사에 출근해 고객에게 전화를 걸어 다시 한 번 정중히 사과했다. 그런데 고객은 의외의 반응을 보였다. 감동한 목소리로 이렇게 말하는 것이었다.

"당신은 한 번 한 약속은 꼭 지키시는 분이군요. 펩시콜라가 오늘날 이렇게 발전한 이유를 알겠네요."

그 후 칼과 그 고객은 긴밀한 파트너십을 유지했다. 펩시콜라가 잠시 경영난에 시달린 적도 있었지만 둘 사이의 신뢰는 흔들림이 없었다.

한 번 내뱉은 말을 반드시 지키는 사람은 신뢰를 얻으며 좋은 인연을 맺게 된다. 셰익스피어는 이런 말을 했다.

"다른 사람에게 신용을 말하기 전에 당신 자신부터 신용을 지켜라."

신용은 인생에서 목숨 다음으로 중요한 것이며 모든 가치의 기본이다. 신용이 그 사람의 힘이다. 신용은 그 사람의 자존감과 책임감을 보여준다. 현대사회에서 신용은 돈으로도 살 수 없는 무형의 자산이다.

아이들에게 지킨 **신뢰**

환환은 동료 직원들과 함께 산시로 출장을 갔다. 산간벽촌에 다다른 그들은 자동차를 타고 울퉁불퉁한 비포장도로를 달려 몇 개의 고개를 넘은 후에야 목적지인 작은 마을에 도착했다.

그들은 잠시 휴식을 취한 후 일을 시작했다. 마을의 학교 관계자들을 비롯해 주민들과 함께 토론을 시작했다. 회의 시작 전 환환이 기념촬영을 하기 위해 카메라를 꺼내자, 아이들이 환환 주위로 모여들었다. 필름을 갈아 끼울 때 환환은 빈 필름 통을 옆에 서 있던 소녀에게 주었다. 그러자 소녀는 기뻐서 어쩔 줄 몰라 하며 말했다.

"고맙습니다."

옆의 친구가 부러운 눈으로 소녀를 바라보았다. 그 모습을 본 환환은 또 다른 빈 필름 통을 그 아이에게 주었다. 그 아이 역시 기뻐하며 얼굴이 상기되었다. 필름 통 하나에 이렇게 기뻐하는 모습을 본 환환은 가방에서 볼펜을 몇 개 꺼내 아이들에게 나누어주었다. 아이들은 환환의 가방에서 눈을 떼지 못했다. 가방 속에 아이들에게 줄 것이 더는 없자 환환은 미안한 마음이 들었다.

환환은 꽃무늬 조끼를 입은 귀여운 얼굴의 소녀에게 물었다.

"너, 이름이 뭐니?"

"계화예요."

"너희들, 동화책 있니?"

그러자 옆에 있던 다른 아이가 말했다.

"아니요. 우리 학교에서는 교장 선생님만 책을 가지고 있어요. 사전이요."

"그럼 언니가 베이징에 돌아가서 동화책을 보내줄게. 『톰과 제리』, 『미운 오리새끼』, 『백설 공주와 일곱 난쟁이』 같은 것들 말이야."

환환의 말을 들은 아이들의 눈빛은 호기심과 기대로 가득 찼다. 환환은 주소를 적기 위해 노트를 꺼냈다.

"누구한테 보낼까?"

그러자 꽃무늬 조끼를 입은 소녀가 대답했다.

"저한테 보내주세요. 제 이름은 왕계화예요."

"좋아, 돌아가서 네 주소로 보내줄게."

환환의 말에 아이들은 뛸 듯이 기뻐했다. 베이징으로 돌아온 후 환환은 보고서를 작성하고 다시 영문으로 번역해 상부에 보고하느라 바빴고, 어느덧 두 달이라는 시간이 흘러갔다.

어느 날, 환환은 노트를 뒤적이다가 왕계화라는 이름과 주소를 발견했고, 그제야 아이들과 한 약속을 기억해냈다.

'벌써 두 달이나 시간이 흘렀는데, 아이들도 벌써 잊어버렸겠지? 설령 이 주소로 보낸다 해도 전달되지 못할지도 몰라. 받을 사람이 없을지도 모르고.'

환환은 이런저런 생각을 하며 잠시 망설였지만, 다음날 출근해서 동료들에게 사연을 말하고 책을 모으기 시작했다. 동료들 역시 그녀의 제의를 기쁘게 받아들였고, 얼마 후 2백여 권의 책이 모였다. 『백설 공주』부터 4대 명저 시리즈까지 있을 것은 다 있었다. 환환은 서점에 가서 사전도 여러 권 샀다.

환환은 그 책들을 아이들에게 보냈고, 얼마 후 편지 한 통을 받았다.

'베이징 언니, 안녕하세요? 언니가 돌아가신 후에 우리 동네 친구들이 매일 저한테 언니한테서 책이 왔느냐고 물었어요. 저는 매일 하루도 빠지지 않고 우체국에 가서 아저씨 아줌마들한테 베이징에서 소포가 오지 않았느냐고, 베이징에서 온 소포가 있으면 내 것이니 꼭 전해달라고 부탁했어요. 하지만 두 달이 지났는데도 아무 소식이 없었어요. 마을 어른들은 베이징 언니가 그냥 한 말이니 잊어버리라고 말씀하셨지만, 저희는 그 말을 믿지 않았어요. 언니가 언니 노트에 제 이름과 주소를 또박또박 적었으니까요. 며칠 전에는 비가 많이 와서 엄마가 가지 말라고 했지만, 저는 혹시 누가 우리 책을 가져가지나 않을까, 혹시 소포가 왔는데 우리한테 전달되지 못하지나 않을까 걱정이 돼서 우체국으로 달려갔어요. 그런데 정말 언니가 보낸 소포가 온 거예요. 우리가 얼마나 기뻐했는지 언니는 상상도 못 할 거예요. 우리는 큰 자루에 책을 담아 몇십 리 길을 뛰어서 돌아왔어요. 혹시나 누가 가져갈까 봐 책을 꼭 끌어안고 잤어요. 이튿날 우리는 설레는 마음으로 학교에 책을 가져갔어요. 선생님께서 작은 도서실을 마련해주셔서 다 함께 청소하고 그곳에서 책을 볼 수 있게 되었어요. 언니가 보내준 책은 정말 재미있었어요. 이젠 책 내

용을 줄줄 외워서 어른들께 들려드린답니다.'

편지를 읽는 환환의 눈에 눈물이 그렁그렁 맺혔다. 만약 책을 안 보냈다면 아이들이 얼마나 실망했을까. 아이들의 다친 마음을 무엇으로 풀어줄 수 있었을까. 나중에 환환은 다시 책과 문구용품을 마련해 아이들에게 보내주었다.

가을에 환환은 소포 하나를 받았다. 소포 안에는 행운을 부른다는 붉은 대추가 가득 들어 있었다. 짧은 편지 한 장도 들어 있었다.

'언니, 우리 마을에서 올해 수확한 가장 맛있는 대추를 보냅니다.'

환환은 대추를 사무실 동료들에게 나누어주었고, 동료들 역시 세상에서 가장 맛있는 대추라고 칭찬을 아끼지 않았다.

칸트는 이런 말을 했다.

"이 세상에는 심금을 울리는 것이 두 가지 있는데, 하나는 우리 머리 위에서 찬란하게 빛나는 별이고, 다른 하나는 우리 마음속의 숭고한 도덕의식이다."

빠르게 변화하고 발전하는 현대사회에서는 쉽게 약속하고 그 약속을 쉽게 저버리는 사람들이 양산되고 있다. 우리 주변에도 이런 사람들이 많지만, 그들에게 절대 휩쓸려서는 안 된다. **신용이 없는 사람은 절대로 성공할 수 없다.**

신뢰를 잃으면 **모든 것**을 잃는다

우사오창은 명문대학을 졸업한 엘리트이다. 그는 광고회사를 경영하다가 1997년 두 친구와 함께 허베이에 칭칭 무역회사를 열고 식품, 음료, 주류 등의 대리점을 시작했다. 그 후 중국 브랜드인 옌징 맥주와 타이거 맥주의 허베이 지역 대표 대행업체가 되면서 명성을 쌓아가기 시작했다.

1998년, 칭칭 무역회사는 쓰촨에 있는 고촉 양조장의 술 고촉순량액古蜀純粮液의 허베이 총판 대행업체도 되었다. 칭칭 무역회사의 마케팅 고문은 고촉 양조장의 마케팅 고문을 겸임하고 있었으며 그의 동업자 중 한 사람이었다. 칭칭 무역회사는 사업 기반이 탄탄했기 때문에 고촉 양조장을 통해 더 많은 혜택을 누릴 수 있었다. 다른 대행사가 한 병에 30위안으로 고촉순량액을 들여올 때 칭칭 무역회사는 우대가인 17.5위안으로 들여왔다. 시장 판매가는 70~80위안에서 높게는 100위안까지 이르렀기 때문에 그들은 엄청난 이윤을 남겼다.

칭칭 무역회사가 고촉순량액 판매에 주력한 것은 고촉순량액이

상당히 품질 좋은 제품인데도 아직 시장에서 붐을 일으키지 못했기 때문이기도 했다. 경험 많은 대행업체였던 칭칭 무역회사는 유명 브랜드 제품일수록 대행업체에 떨어지는 이윤은 적고, 유명하지는 않지만 품질이 좋은 제품일수록 대행업체에 떨어지는 이윤이 크다는 것을 잘 알고 있었던 것이다.

그런데 칭칭 무역회사는 한순간의 실수로 신용을 잃어 그간의 노력이 수포로 돌아갔다.

당시 고촉순량액은 광저우와 양저우 시장에서는 탄탄히 자리를 잡고 있었지만, 칭칭 무역회사가 대행하던 허베이 지역에서는 아직 자리를 잡지 못했기 때문에 제품을 들여오는 가격이 다른 지역보다 절반 정도 저렴했다. 그러자 양저우 지역 대리상은 칭칭 무역회사에게 생산업체에서 받은 가격에다 이윤을 어느 정도 얹어줄 테니 자기들에게 공급 좀 해달라는 요구를 해왔다. 결국 양저우 지역 대리상은 생산업체에서 들여오는 가격보다 더 싸게 사겠다는 심보에서였다. 일종의 '유통 갈등channel conflict' 현상이었다.

칭칭 무역회사는 그렇게 하면 생산업체에게 신용을 잃을 수 있다고 생각했지만, 세 지역이 서로 거리가 멀기 때문에 생산업체는 모를 거라고 생각했다. 게다가 당시 칭칭 무역회사는 현금 조달이 시급한 상황이었다. 칭칭 무역회사는 중간 이윤을 더 챙길 수 있다는 점에 매력을 느끼고 양저우 대리상의 제의를 받아들였다. 하지만 이런 행위는 업계 내에서 금기시되는 행위였다.

생산업체인 고촉 양조장은 지역별로 각개 전략을 선택해 제품의 품질과 가격에 반영시켰다. 중국에서 암암리에 행해지는 '유통 갈

등' 현상이 고촉 양조장의 시장 전략과 마케팅 계획을 어지럽힐 수 있고 심각한 결과를 초래할 수도 있기 때문이었다. 대행업체 간에 '유통 갈등' 현상이 일어난 것이 발각될 경우 고촉 양조장은 즉시 법적 조치를 취하는 업체였다.

칭칭 무역회사의 행위는 얼마 지나지 않아 고촉 양조장에 발각되었다. 이후 칭칭 무역회사는 허베이 지역 총판 대행업체 자격을 박탈당했고, 그때껏 누린 우대 가격 혜택도 받지 못하게 되었다. 고촉 순량액을 들여오는 가격이 기존의 17.5위안에서 33.5위안으로 올라갔다.

그간 시장을 개척하기 위해 쏟은 노력이 수포로 돌아갔고, 이윤을 얻을 수 있는 여지도 줄었을 뿐만 아니라, 자금 상황이 나빠져 동업자들 간의 불화도 잦아졌다. 결국 동업자 한 명이 회사를 떠나면서 회사의 인재들도 함께 데리고 나가 다른 회사를 세웠다. 남은 두 사람의 행보도 엇갈렸다. 그중 한 사람은 회사의 공금을 들고 잠적했다. 순간의 작은 이익을 위해 안일한 마음으로 신뢰를 저버리는 행동을 한 탓에 칭칭 무역회사는 결국 문을 닫았다.

시장경제에서는 신용이 무엇보다 중요하다. 시장의 질서를 존중해야 하며, 그 질서 안에서 정직하게 행동해야 한다. 시장의 질서를 무시하고 눈앞의 이익에만 급급해 경솔하게 행동하면, 결국 신용을 잃고 시장에서 퇴출당한다. 스스로 무덤을 파는 격인 것이다.

7년 전의 약속

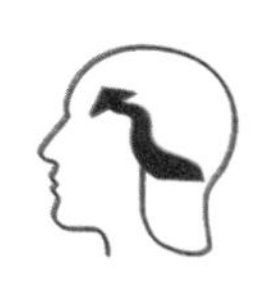

톰은 이사를 하기 전에 새 침대를 장만하기로 했다. 그는 '블루 포레스트'라는 가구점에서 침대를 사고 200달러를 현금으로 지불한 뒤 기쁜 마음으로 집으로 향했다. 하지만 집으로 돌아오는 길에 길가에 세워둔 다른 차량이 갑자기 폭발하면서 톰의 차가 전복되는 대형 사고가 발생했다. 병원에 도착했을 때 톰은 이미 의식을 잃은 상태였다.

며칠 후 가구점에서 톰에게 침대를 보냈지만, 그는 아직도 위독한 상태였다. 침대가 톰의 집에 도착했을 때, 문을 열어준 사람은 "저희는 침대를 주문한 적이 없는데요"라고 말했다. 배달원은 집주소를 다시 확인했다. 그 집이 틀림없었다. 하지만 집주인은 착오가 있는 것 같다고 말하며, 톰이라는 사람은 이 집에 살지 않는다고 했다.

배달원은 하는 수 없이 침대를 다시 가구점으로 가져갔다. 가구점 사장은 '톰이라는 사람이 침대를 받지 못하면 가구점으로 다시 찾아오겠지'라고 생각했다.

그즈음 톰은 병원에서 식물인간 판정을 받았다. 아무도 침대를 찾으러 오지 않자 '블루 포레스트' 가구점 사장은 가구점 밖에 '톰을 아는 분이 계시면 침대를 가져가라고 전해주세요'라는 푯말을 내걸고 현지 신문에도 톰을 찾는 광고를 냈다. 하지만 아무도 찾아오지 않았다.

톰이 주문한 침대는 그렇게 1년 동안 주인을 기다렸지만 아무도 찾아오지 않았다. 2년이 지난 후에도 마찬가지였다. 다시 2년이 지나고 공장에서는 더 이상 그 침대를 생산하지 않게 되었다. 그런데도 톰은 여전히 찾아오지 않았다.

가구점과 공장은 그 침대를 어떻게 처리하면 좋을지 의논했고, 결국 침대를 계속 보관하기로 결정했다. 침대는 면적을 많이 차지했고, 새 가구가 들어올 때마다 이리저리 옮겨 다녔다. 그 사이 가구점 사장도 두 번이나 바뀌었다. 인수인계를 할 때 전임 사장은 후임 사장에게 침대에 얽힌 사연을 들려주었고, 후임 사장은 전임 사장과 똑같이 약속을 지켰다. 침대에 붙여둔 메모지가 해져 떨어질 때마다 '구매자 : 톰'이라는 새 메모를 붙였다. 그들은 계속 인내심을 가지고 침대의 주인을 기다렸고, 그 일을 자신의 의무이자 책임으로 생각했다.

7년 후, 식물인간이었던 톰이 마침내 의식을 회복했다. 병원에서는 기적 같은 일이 벌어졌다고 흥분했다. 톰은 예전의 일을 아무것도 기억하지 못했지만 딱 하나, 사고 발생 직전에 있었던 일만 기억했다. 바로 침대를 주문하고 집으로 돌아가던 일이었다. 죽음의 문턱까지 갔다가 돌아온 톰에 대한 기사가 텔레비전과 잡지에 보도되었다. '블루 포레스트' 가구점 사장은 그 소식을 듣고 흥분을 감추지 못했고, 병원으로 톰을 찾아갔다. 알고 보니 톰은 7년 전 주문서에 1구역을 7구역으로 잘못 적었던 것이다. 두 구역의 거리가 5킬로미터나 떨어져 있어서 톰의 집에 침대가 배달되지 못했던 것이다.

'블루 포레스트' 가구점은 침대를 회복 기념 선물로 톰에게 보내주었다. 이제 이 침대 사건을 모르는 사람은 거의 없었다. 침대가 배달되던 당일, 많은 사람들이 그 신기한 침대를 한 번씩 손으로 만져보기도 했다. 사람들은 톰이 깨어난 것은 기적이며, 그 침대가 7년 동안 톰을 애타게 기다렸기 때문에 그런 기적이 일어난 거라고 생각했다. 그래서 신이 톰을 데려가지 않고 다시 살게 해주었다고 말이다. 당시 미국의 대통령이었던 로널드 레이건도 성명을 내어 톰을 축하했다.

기업들은 성실하게 신뢰를 지키는 것을 본분으로 생각하고, 이익 때문에 신의를 저버리는 것을 부끄럽게 여겨야 한다. 그래야만 소비자들의 신뢰와 지지를 얻을 수 있고, 더 많은 기회와 발전을 누릴 수 있을 것이다. 약속을 지키는 사람에게는 많은 기회가 주어진다.

경박하게 떠벌리기

어떤 사람들은 분별력이 없고 오만방자하며, 자신을 과시하고 싶은 마음에 떠벌리기를 좋아한다. 이들의 말과 행동은 다른 사람들에게 상처를 주기도 하고, 비난을 사기도 한다. 그러므로 우리는 늘 말과 행동을 조심해야 한다.

'겸손하면 이익을 얻고 오만하면 손해를 본다'는 말이 있듯이, 아무리 재능이 뛰어나고 자신감이 넘쳐도 오만한 태도를 가져서는 안 된다. 재능과 능력을 발휘하되, 항상 몸을 낮추는 법을 배워야 한다.

노자는 "성인은 스스로 드러내지 않는다. 스스로 옳다 하지 않으므로 돋보인다. 스스로 자랑하지 않으므로 공이 있다. 스스로 뽐내지 않으므로 으뜸이 된다"는 말을 남겼다. 재능이 있으나 뜻을 이루지 못하더라도, 비관하거나 불공평하다고 원망하지 말고 담담하게 자신의 도리를 다해야 한다는 뜻이다.

정판교의 **겸허함**

정판교는 청나라 시대에 '시, 서, 화'로 유명한 서화가이자 문장가였다. 다재다능했던 그는 많은 사람들의 존경과 사랑을 한 몸에 받았다. 정판교가 산동 유현의 현령으로 재직하던 시절, 백운사라는 사찰의 주지 스님이었던 일존 법사는 정판교의 오랜 친구였다.

백운사 건립 백 주년 기념식을 거행하던 날, 사방팔방에서 수많은 관리와 문인들이 축하를 하러 백운사를 찾았다. 기념행사와 음식을 즐긴 뒤, 문사들을 비롯해 많은 하객들이 방명록에 글을 남겼다. 정판교는 그곳의 현령이었고 유명한 문호였기에, 사람들은 정판교도 백운사 백 주년을 기념하는 글을 당연히 남길 거라고 생각했다.

붓을 들어 서화용 고급 종이에 글을 쓰려고 할 때, 정판교는 일촌 법사가 쓴 당대 위대한 시인 최호의 시 「칠률 · 황학루七律·黃鶴樓」를 보았다.

'옛 사람은 이미 황학 타고 떠났고, 이곳엔 황학루만 남아 있네. 황학은 한 번 가서 다시 돌아오지 아니하고, 흰 구름만 천년 동안 하릴없이 떠도는구나. 맑은 날 강 건너 한양의 나무들 또렷한데, 싱그러운 풀밭은 앵무새 섬을 덮고 있다. 해가 저무는데 우리 고향은 어디쯤 있을까. 물안개 강 위에 피어오르고 나는 시름겹구나.'

글씨체는 웅장하면서도 기백이 넘치고 장엄했으며, 자연스럽고 대범했다. 그야말로 천하의 걸작이었다. 정판교는 현령이자 문호로서 서예와 그림에 뛰어났고 학식과 지위도 있었다. 그러니 이름 없는 일촌 법사보다 더 월등한 글씨를 써야 했다. 그런 생각을 하자 마음이 무거워졌다. 그는 법당의 큰 향로 앞에 가서 향의 재를 집어 책상 위에 뿌리고 글씨를 써 내려갔다. 정판교의 붓이 지나갈 때마다 재는 초서체가 되었다. 그는 '青, 赤, 白, 黑' 네 글자를 썼다. 이상하게도 그는 '白'과 '黑' 사이에 한 글자 정도 더 쓸 수 있는 여백을 남겨두었다.

그러자 사람들은 일촌 법사가 정판교의 노여움을 샀다고 생각하며 일촌 법사를 쳐다보았다. 정판교가 쓴 글씨를 본 일촌 법사는 정판교의 뜻을 알아차렸다. 그는 두 손을 합장하고 정판교에게 말했다.

"나무아미타불 관세음보살! 대인, 정말 겸손하시군요!"

그러자 주변에 있던 사람들은 더욱더 영문을 알 수 없다는 표정을 지었다. 일촌 법사는 사람들에게 말했다.

"최호가 황학루에서 「칠률 · 황학루」라는 시를 지은 후, 하루는 당대의 위대한 시인 이백이 황학루에 놀러 왔답니다. 강물 색이 너무 맑고 아름다워 이백은 영감을 느꼈지요. 그래서 이백은 재빨리 종이를 꺼내 시를 지을 준비를 했어요. 그런데 마침 최호의 「칠률 · 황학루」가 벽에 걸려 있는 것을 보았습니다. 이백은 정말 범상치 않다는 생각을 했지요. 자신이 시를 지어도 그보다 잘 지을 자신이 없었어요. 그래서 이백은 이렇게 썼습니다. '눈앞의 경치가 훌륭하고, 최호의 시도 정말 훌륭하구나.' 이백의 겸허한 마음을 담은 「백부제황白不題黃」의 시초였지요. 정 대인께서도 향의 재를 가지고 책상에 '靑, 赤, 白, 黑'이라고 쓰셨는데, 바로 이백의 「백부제황」을 빌려오신 것이지요. 원래는 '靑, 赤, 白, 黃, 黑'입니다. 정 대인께서는 '白' 뒤에 '黃'을 쓰지 않으셨어요. 정말 감동적입니다. 정 대인께서는 자신이 쓴 글을 굳이 기억할 필요가 없다는 겸손함을 보여주신 것입니다."

사람들은 그 말을 듣고 매우 놀랐고, 아무 말도 하지 못하고 정판교를 보면서 미소를 지었다. 훗날 정판교가 상급 관리의 노여움을 사서 관리직에서 쫓겨나 고향으로 돌아가던 날, 수많은 백성들이 그를 배웅하러 나왔다. 떠나기 전에 그는 백성들에게 글을 남겼다.

'관직을 내던지고 벼슬을 하지 않으니, 하얗게 센 머리 거칠고 소맷자락 썰렁하네. 몇 줄기 파리한 대나무를 그려내니, 바람 부는 가을 강 위에 던질 낚싯대나 만들까보다.'

겸손은 소중한 미덕이며, 사람의 고귀한 지혜와 품성을 보여준다. 겸손한 사람은 거짓이 없으며, 남을 존중하고 있는 그대로 받아들인다. 겸손한 사람은 어려운 일을 회피하지 않고 온 힘을 다해 최선을 추구하며, 다른 사람들을 통해 배운다. 겸손을 잃지 않는 사람만이 성공하고, 다른 사람들의 존경을 받을 수 있다.

생각 바꾸기

사오예는 미국 유학을 마치고 귀국했다. 그녀는 중국 남부의 대도시에 자리 잡은 후 온종일 이곳저곳을 다니며 좋은 직장을 찾기 위해 고군분투했다. 그녀는 컴퓨터 공학 박사 학위를 가지고 있었지만 채용 시기가 아니어서인지, 아니면 그 분야의 수요가 많지 않아서인지, 적성에 맞는 회사를 찾기가 쉽지 않았다. 사오예는 극심한 스트레스에 시달렸고 하루하루가 우울했다.

아무리 노력해도 취직이 힘들자, 그녀는 고향으로 내려갔다. 그녀의 집은 산기슭에 있었는데, 여름이면 날씨가 아주 변덕스러워서 햇빛이 쨍쨍하다가도 갑자기 폭우가 쏟아지곤 했다. 사오예가 돌아오자 어머니는 놀라움을 감추지 못하고 왜 갑자기 고향으로 돌아왔느냐고 물었다. 그녀는 어머니에게 지금까지의 일들을 털어놓았다. 그 말을 들은 어머니는 웃으며 말했다.

"별일 아니다. 누구나 다 겪는 일이야. 지금은 경기가 어려워서 특히 더 그래."

그때 갑자기 폭우가 쏟아지더니, 잠시 후 언제 그랬냐는 듯이 비가 그쳤다.

아버지가 말했다.

"비가 왔으니 산에 버섯이 많이 자랐을 거야. 우리 버섯을 따다가 저녁에 버섯탕을 끓여 먹자꾸나."

사오예와 아버지가 산에 가보니 이미 많은 사람들이 와서 버섯을 캐고 있었다. 그곳의 버섯이 꽤 유명했기 때문에, 마을 사람들과 이웃 마을 사람들이 모두 버섯을 캐러 온 것이었다. 사오예는 너무 늦게 와서 오늘 버섯탕 먹기는 글렀다고 생각했다. 하지만 이왕 올라왔는데 빈손으로 돌아갈 수는 없었다. 그래서 사오예 부녀는 산열매를 가득 땄고, 내려가는 길에 그중 일부를 과일 가게에 팔았다. 산열매가 신선하고 품질도 좋아 좋은 값을 받았다. 집으로 돌아가려고 하는데, 아버지가 잠깐 볼일이 있으니 조금만 기다리라고 했다. 잠시 후 아버지는 뭔가 가득 든 포대 자루를 들고 왔다. 부녀는 웃으면서 집으로 돌아갔다.

저녁 식사 시간에 아버지가 버섯탕을 내왔다. 사오예는 깜짝 놀랐다.

"아버지, 다른 사람들이 다 따가서 우리는 버섯을 따지 못했잖아요."

영문을 몰라 하는 사오예에게 아버지가 말했다.

"이 버섯은 아까 우리가 과일을 판 돈으로 산 거란다. 이곳 사람들은 산에 가서 과일도 따고 버섯도 따지. 대개 버섯을 따려는 사람이 더 많아. 하지만 우리는 다른 선택을 한 거야. 때로는 다른 선택을 하는 것도 하나의 방법이란다."

사오예는 아버지의 깊은 뜻을 깨달았다. 고향에서 일주일간 휴식을 취한 뒤 사오예는 도시로 돌아갔다. 그녀는 자신의 학력을 내세우지 않고 낮은 자리를 찾았다. 프로그램 입력하는 일부터 시작했다. 재능이 출중한 그녀가 하찮은 일을 하는 감이 없지 않았지만, 그녀는 진지하게 열심히 일했다.

얼마 후, 사장은 그녀가 다른 직원들과는 달리 프로그램의 오류를 빠르고 정확하게 발견한다는 것을 알게 되었다. 그녀가 학사 학위증을 보여주자 사장은 그녀의 능력에 걸맞은 일을 주었다. 몇 개월 후, 부장은 그녀의 건의사항들이 다른 대졸자들의 건의사항보다 훨씬 좋다고 생각했다. 그녀가 석사 학위증을 보여주자 사장은 그녀를 승진시켰다. 다시 시간이 흘렀다. 사장은 그녀가 정말로 능력이 뛰어나다는 것을 알고 그녀에게 면담을 청했다. 그 자리에서 사오예는 박사 학위증을 보여주었다.

사장은 그녀가 정말 남다르다고 생각하여, 조금도 주저하지 않고 그녀를 중용했다. 그녀가 날개를 펼칠 수 있는 기회를 준 것이다. 나중에 사장은 그녀에게 물었다.

"궁금한 것이 있네. 자네는 학력도 높고 전문지식도 풍부한 인재인데, 왜 프로그램을 입력하는 단순직에 지원했나?"

사오예는 대답했다.

"만일 제가 프로그램 입력직에 지원하지 않았다면 사장님께서 저를 알아보셨을까요?"

사오예는 고향에서 아버지의 말씀에 큰 교훈을 얻었던 것이다.

'1보 후퇴는 2보 전진.' 이것은 자신의 능력을 잘 파악하기 위한 일종의 기술이다. 스스로를 내세우지 않고 몸을 낮추는 것은 일종의 자기 수양이기도 하며, 인격이 어느 정도의 경지에 이르렀음을 의미한다. 대범하고 스케일이 큰 사람이 몸을 낮출 줄도 아는 법이다. 아무리 귀하고 중한 것이라도 놓아야 할 때 놓을 줄도 알아야 한다. 기회는 그런 사람에게 찾아온다.

배움에는 **끝**이 없다

장란은 대학을 졸업한 뒤 산간벽촌 작은 마을의 교사로 발령받았다. 월급도 쥐꼬리만해서 기본생활을 간신히 유지할 정도였다. 사실 장란은 우수한 학생이었다. 성적이 좋았고 글도 잘 썼으며 장학금도 받았다. 그러나 현실은 그녀가 생각한 것과 달랐다. 세상이 너무 불공평하다는 생각이 들었다. 작은 마을에서 교사생활을 시작한 얼마 후, 장란은 그렇게 좋아하던 글쓰기에도 점점 흥미를 잃고 온종일 도시의 학교로 옮겨갈 궁리만 했다.

장란은 2년 동안 마음에 드는 학교들과 연락을 해보았지만 원하는 대답을 듣지 못했다. 그렇게 방황하면서 생활이 엉망진창이 되고 하루하루 무의미한 시간만 흘러갔다. 글쓰기에도 발전이 없었다. 그렇게 방황하면서도, 매일 규칙적으로 일을 하고 있으니 허송세월을 하는 것은 아니라고 생각했다.

그러던 중 학교 운동회가 다가왔다. 운동회는 그 작은 마을에서는 매우 큰 행사로, 운동회를 구경하러 온 사람들이 굉장히 많았다. 작은 운동장이 사람들로 꽉 차서 발 디딜 틈조차 없었다. 그야말로 인간 장벽이 형성된 것 같았다. 장란은 늦게 가서 '인간 장벽' 밖에 서 있었다. 사람들이 앞에 꽉 차 있어서 아무것도 볼 수 없었고, 스피커에서 흘러나오는 방송과 사람들의 환호성만 들렸다. 그때, 어린 소녀 하나가 주위에서 벽돌과 돌을 찾아다 사람들 뒤에 차곡차곡 쌓기 시작했다. 그렇게 한참 시간이 흐르자 그곳에는 어느덧 그럴듯한 계단이 하나 만들어졌다. 소녀는 계단 꼭대기에 올라가 운동회를 구경했다. 계단 꼭대기에 서 있던 소녀는 장란과 눈이 마주치자 싱긋 웃었다. 승자의 기쁨과 자신감을 보여주는 미소였다.

그 순간 장란은 멍해졌다. 소녀의 밝은 미소가 머릿속에 자꾸 맴돌았다. 장란은 생각했다.

'열심히 디딤돌을 쌓으니 결국 사람들의 장벽을 뚫고 경기를 보게 되는구나.'

그때부터 장란은 삶에 임하는 태도를 고쳐나갔다. 학교생활에 정력을 쏟았으며 무슨 일이든 열심히 했다. 교재도 집필했다. 그녀가 집필한 교재들은 우수하다는 인정을 받았다. 수업 외의 시간에는 글을 써서 잡지에 투고도 했다. 동시에 몇몇 출판물의 칼럼니스트가 되었다. 나중에 그녀는 자신이 원하는 학교로 전근을 할 수 있었다.

'한 걸음을 내딛지 않으면 천 리를 갈 수 없고, 작은 시냇물이 모이지 않으면 강과 바다를 이룰 수 없다'는 말이 있다. 아무리 원대한 이상이라도 작은 것부터 시작해야 한다. 꿈과 이상을 가진 사람은 기회가 오지 않을 때에도 차근차근 디딤돌을 쌓는다. 작은 것부터 노력하다 보면 언젠가는 자신이 원하는 것을 이룰 수 있다고 믿기 때문이다.

늘 공부하는 자세로 살고 겸손한 마음으로 배울 줄 아는 사람은 잘못된 길로 들어서지 않는다. 성공은 계획을 실천으로 옮기는 두 손과 두 다리를 필요로 한다. 반면 빠른 시간에 높이 올라가려고만 하는 사람은 다른 사람의 비난을 사거나 망신을 당할 수 있다. 그러므로 우리는 마음의 균형을 잘 잡고, 몸을 낮추고, 한 계단 한 계단 성실하게 살아야 한다.

교훈을 귀담아듣고 **자신**을 돌아보라

여대생들이 모여 수다를 떨고 있었다. 한 예쁘장한 여대생이 자신이 보살피는 환자에 대해 험담을 했다.

"그 프랑스 할머니는 잔소리가 너무 많아. 내가 하는 일은 무조건 다 틀렸대. 내 프랑스어 발음도 부정확하다고 불평하고 사사건건 잔소리만 해."

그 할머니는 뚱뚱하고 거동이 불편한 노부인이었다. 그녀의 딸이 상하이의 한 회사에 취직되어 상하이로 어머니를 모셔왔고, 어머니를 보살피기 위해 프랑스어를 할 줄 아는 여대생 간병인을 고용했던 것이다. 그러나 많은 여대생들이 이 까다로운 프랑스 노부인의 잔소리를 견뎌내지 못하고 그만두거나 노부인과 다투었다.

그 자리에 있던 한 통통한 여대생이 그 말을 듣고는 말했다.

"너 혹시 그 일 그만둘 거면 나한테 그 일자리 소개해줄래?"

"그래. 어차피 난 그만둘 거니까. 하지만 마음의 준비를 단단히 해야 할 거야. 보통 까다로운 노인네가 아니거든."

예쁘장한 여학생이 대답했다.

며칠 후, 통통한 여학생은 프랑스 노부인의 간병인 일을 시작했다. 아니나 다를까, 노부인은 정말 까다로웠다. 이것도 틀렸다, 저것도 잘못했다 지적했고, 심지어 걸음걸이와 눈빛, 앉은 자세에 대해서까지 잔소리를 해댔다. 한번은 여학생이 젓가락으로 사치마(중국 동북 지방에서 파는 과자)를 집어 건넸는데, 노부인이 화를 버럭 내며 "정말 넌 교양이라곤 눈 씻고 찾아봐도 없구나" 하고 야단을 쳤다. 사치마를 접시에 담아서 건네줘야 한다는 것이었다. 여학생은 너무 자존심이 상하고 치욕적이라는 생각이 들어서 일을 그만두려고 했지만, 곰곰이 생각해보니 과자를 젓가락으로 집어서 노부인의 입에 갖다 댄 것은 사실 예의 없는 행동이었다.

그녀는 집에 돌아와 노부인의 꾸중을 되짚어 가며 거울을 보았다. 아닌 게 아니라 자신이 사람을 볼 때 똑바로 보지 않고 흘겨보는 것 같았고, 걸을 때 몸이 흔들거렸으며, 앉는 자세도 우아하지 않았다. 어떻게 생각하면 노부인이 그녀의 단점을 제대로 지적해준 것이나 다름없었다.

그날 이후 그녀는 노부인에 대해 다시 생각하기 시작했다. 그녀는 프랑스인의 문화와 생활에 관한 책을 읽었고, 노부인이 프랑스의 오래된 귀족 집안 출신이며 어릴 때부터 상류층의 교육을 받고 자라서 늘 격식을 중시하고 고상하게 생활하는 여자라는 사실도 알았다.

노부인의 생일날, 여학생은 몇 시간씩 공을 들여 프랑스식 스테이크를 만들었다. 그녀가 맛있는 스테이크를 대접하고 생일 축하 노래까지 불러주자, 노부인의 눈에 눈물이 글썽거렸다.

"우리 손녀도 나한테 이렇게 스테이크를 만들어주곤 했었지. 너도 내 손녀처럼 착하고 예쁘구나."

그 순간 그녀는 너무 감동했다. 함께 오랫동안 생활했지만 노부인이 그녀를 칭찬해준 것은 그때가 처음이었던 것이다. 그때부터 노부인의 잔소리는 눈에 띄게 줄어들었고, 그녀에게 자신의 이야기를 들려주기 시작했다. 두 사람은 매일 즐겁게 수다를 떨었다. 여학생은 변해갔다. 눈빛과 말투, 태도를 바꿔나가기 시작했다.

몇 개월 후, 노부인은 프랑스 사교계의 인맥을 동원해 여학생이 프랑스로 유학 갈 수 있도록 주선해주었다. 여학생은 프랑스 대학의 정식 초청을 받아 장학금을 받고 유학을 떠났다.

아무리 아는 것이 많아도 오만해서는 안 된다. 이 세상에는 지식이 무궁무진하다. 자신의 부족한 부분을 솔직하게 인정하고, 단점을 고치며, 끊임없이 배우려는 자세를 가져야 한다. 세상에서 내가 제일 잘났다는 자만을 버리고, 다른 사람의 지적을 받아들일 줄 알아야 한다. 몸을 낮출 줄 아는 사람은 남들보다 더 풍요로운 삶을 살 수가 있다.

노자는 "다투지 않고도 이길 수 있으며, 말하지 않고도 대답할 수 있다"고 말했다. 당신의 환경은 변하지 않지만, 당신 자신이 변한다면 넓은 마음과 큰 포부를 가지고 더 큰 세상에 도전할 수 있다.

다른 사람의 냉대, 냉소, 모욕 등을 지나치게 마음에 담아두지 말아야 한다. 인내심을 갖고 낮은 자세로 스스로의 마음을 단련시키고 지혜를 쌓아야 한다. 몸을 낮추고 인내심을 배우면 끝까지 최선을 다할 수 있고, 그러면 성공은 어느새 당신 앞에 성큼 다가와 있을 것이다.

겸손하게 **밑바닥** **경험**부터 쌓아나가라

웨이원쥔은 대학을 막 졸업하고 선전의 인테리어 회사에 지원했다. 면접을 보러 간 그는 자신의 차례가 되자 가벼운 걸음으로 사장실에 들어가 경쾌한 목소리로 인사를 했다.

"안녕하십니까? 저는 웨이원쥔입니다. 올해 대학을 졸업하고……."

그러자 사장이 갑자기 그의 말을 자르더니 "됐네, 그만 나가 보게. 우린 올해 졸업생은 필요 없네"라고 말했다.

웨이원쥔은 큰 돌을 삼킨 것 같았지만 계속 말을 이었다.

"비록 올해 학교를 졸업했지만 졸업작품도 이미 제출했고, 나름대로 이 분야에 재능이 있다고 생각……."

이번에도 그는 하려고 했던 말을 다 하지 못했다. 사장이 아까보다 더 큰 목소리로 말했던 것이다.

"재능이라면 우리 직원들도 많네. 그러니 나가라니까!"

하지만 웨이원쥔은 나가지 않고 자신의 포트폴리오를 꺼내 보여주었다. 사장은 그것을 보더니 그런대로 만족했는지 이렇게 말했다.

"우리 회사는 컴퓨터로 작업을 하네. 그러니 컴퓨터를 잘 다뤄야 할 거야."

"저는 컴퓨터도 잘 다룹니다."

웨이원쥔이 말했다.

그 말을 들은 사장은 마지못해 말했다.

"그러면 며칠 정도 자네를 지켜보도록 하지."

하지만 며칠 후, 사장은 웨이원쥔에게 회사를 나가라고 했다. 웨이원쥔이 컴퓨터를 잘 다루지 못한다는 것을 간파했던 것이다.

웨이원쥔은 컴퓨터를 배워 계속 일하고 싶었다. 그래서 사장에게 간청했다.

"컴퓨터를 열심히 배우겠습니다. 월급은 안 주셔도 됩니다. 컴퓨터만 배우게 해주십시오. 시키시는 일이라면 뭐든지 하겠습니다."

고집을 꺾지 않는 웨이원쥔을 보고 사장이 말했다.

"좋네, 그러면 자네가 화장실 청소를 하게나. 변기까지 깨끗이 청소해야 하네."

그 순간 웨이원쥔은 예전에 누군가에게 들은 말을 떠올렸다.

'자존심 따위는 아예 버려야 해. 성공하고 싶다면 체면은 잠시 잊고 살아야 해.'

웨이원쥔은 그 말의 뜻을 피부로 느끼고 있었다.

웨이원쥔은 넓은 사무실을 매일 청소하고, 점심을 먹은 뒤에는 화장실 청소를 했다. 두 가지 일이 끝난 후에야 다른 사람의 컴퓨터 옆에 앉아 컴퓨터를 배울 수 있었다. 직원들이 퇴근한 후에는 쓰레기를 치우고 저녁을 대충 먹은 뒤, 전문서적을 보면서 낮에 배운 것들을 연습했다. 그는 자신의 전문지식이 부족하다는 것을 알고 다른 사람들에게 끊임없이 배워나갔다.

시간이 한참 흐른 뒤, 사장은 웨이원쥔을 조금씩 눈여겨보기 시작했다. 어느 날 저녁, 사장이 웨이원쥔을 불러 말했다.

"나는 철학과 석사 학위를 갖고 있네. 하지만 처음 선전에 왔을 때 얻은 첫 직장은 하수도 정비 일이었어. 당시 나는 선전에 유동 인구가 매우 많지만 시설 관리를 전문적으로 해주는 곳이 없다는 것을 알았지. 그래서 책상 앞에 앉아서 하는 일을 과감히 포기하고 하수도 정비 일을 시작했고, 그 일로 창업 자금을 마련했네."

마지막에 사장은 말했다.

"내가 자네에게 화장실 청소를 시킨 것은 자네가 힘들고 지저분하고 사소한 일에서 교훈을 얻기를 바라서였어. 성공하려면 몸을 낮출 줄 알아야 하네."

그날 이후 웨이원쥔은 회사의 디자이너로 발령받았다. 사장은 웨이원쥔의 3D 컬러 도면이 상당히 훌륭하다고 생각했고, 고객들의 반응도 좋았다. 그래서 웨이원쥔을 디자인팀장으로 승진시켰다. 큰 프로젝트를 맡으면서 그의 월급은 1천 위안에서 6천 위안으로 올랐다. 고객과 1대 1로 상담할 기회도 많아졌고, 회사에서 그가 책임지는 일들도 날로 늘어났다. 고객들은 설계 도면과 CD를 팔면 더 많은 돈을 벌 수 있다고 웨이원쥔에게 말했지만, 웨이원쥔은 정중히 거절했다.

1999년 7월, 회사는 200만 위안짜리의 별장 건설 프로젝트를 따냈다. 이 프로젝트는 처음부터 웨이원쥔의 손으로 이룬 것이었다.

고객들은 그의 작품을 보고 하나같이 감동했다. 그 후로 웨이원쥔은 예술 총감독이 되었고, 월급은 2만 위안까지 올랐으며, 고속 승진을 거듭했다.

2년 후, 웨이원쥔은 50만 위안으로 인테리어 회사를 차렸다. 예전 회사의 사장과는 둘도 없는 파트너가 되었다.

웨이원쥔은 감사하는 마음으로 열심히 살았다. 그는 자신의 직원들과 친구들에게 늘 이렇게 말했다.

"성공의 비결은 몸을 낮추고 인내할 줄 아는 것입니다."

자업자득 소동파

다른 사람을 자신의 발밑에 두지 말고 늘 존중해야 한다. 그러지 않으면 오히려 당신의 체면이 깎일 수 있다.

소동파의 작품은 많은 사람의 심금을 울리고 사랑받았다. 하지만 소동파는 사람들 앞에서 자신의 재능을 자랑하거나 자신의 재능을 이용해 다른 사람을 놀리기를 좋아했다. 지나친 자기 자랑 때문에 일을 그르치는 경우도 다반사였다.

하루는 소동파가 불인과 함께 강에서 배를 타고 대작을 하며 시를 짓고 있었다. 강가에서 개 한 마리가 뼈다귀를 물어뜯는 모습이 소동파의 눈에 들어왔다. 소동파는 갑자기 장난기가 발동해 이것을 제목 삼아 불인을 놀려줘야겠다고 생각했다. 소동파는 부채를 들어 그 개를 가리키며 득의양양한 표정으로 말했다.

"저것 좀 보시게."

고승인 불인은 소동파의 의중을 즉시 꿰뚫어보았다. 그래서 소동파의 부채를 강물에 빠뜨려버렸다.

소동파는 불인의 행동을 보고 그의 의중을 알아챘다. 자신만만했던 소동파의 얼굴이 부끄러움에 일그러졌다. 사실 소동파는 불인이 그 개를 보게 한 후 '구간하상(화상)골狗齦河上(和尚)骨'('개가 강가에서 뼈를 뜯고 있네'라는 뜻. 강을 뜻하는 하상河上과 스님을 뜻하는 화상和尙은 중국어로 발음이 같다. 즉 '개가 스님의 뼈를 뜯고 있네'라는 말을 돌려서 표현한 것)라고 말하려 했다. 그런데 불인은 소동파의 시구에 등장한 부채를 강에 빠뜨려 소동파에 대적하려 했던 것이다. 그 행동은 바로 '수류동파시(시)水流東坡尸(詩)'('물에 동파의 부채가 흘러가네'라는 뜻. 부채尸와 시詩는 중국어로 발음이 같다. 즉 '물에 동파의 시[능력]가 하염없이 사라져간다'는 의미가 된다)였다.

이렇듯 소동파는 다른 사람을 놀리는 것을 좋아했다. 이것이 소동파의 가장 큰 단점이었다.

소동파는 불인과 함께 좌선과 참선을 했다. 어느 날 두 사람이 금산사에서 좌선을 하는데, 갑자기 강에서 망신당했던 일이 생각나 소동파의 마음이 불편해졌다. 그래서 복수를 해야겠다고 생각했다. 문득 좋은 생각이 머리에 떠올랐다. 그래서 옆에서 참선하고 있는 불인에게 물었다.

"자네는 내가 무엇을 닮은 것 같은가?"

불인은 눈을 크게 뜨고 소동파를 보더니 아무 말도 하지 않고 되물었다.

"그러는 자네는 내가 무엇을 닮은 것 같은가?"

소동파는 불인을 찬찬히 훑어본 뒤 "자네는 타미('아미타불'의 뜻이지만 '오물'이라는 뜻도 갖고 있다) 같네"라고 대답했다.

불인은 소동파의 대답에 화를 내거나 원망하지 않고 껄껄 웃으며 말했다.

"나는 자네가 존불尊佛 같네."

소동파는 그 대답이 좀 이상하다는 생각이 들어서 답답했지만, 그래도 자신이 불인과의 대결에서 이긴 것 같아서 기뻤다.

집으로 돌아온 소동파는 기쁜 목소리로 여동생에게 말했다.

"내가 오늘 드디어 불인을 이겼다. 내가 그에게 타미라고 했더니 그는 나에게 존불이라고 하더구나."

그러자 여동생이 그에게 말했다.

"오라버니, 제가 보기에 오라버니는 오늘도 불인께 지셨습니다. 불인께서는 마음속에 부처가 계시기 때문에 오라버니를 부처 같다고 한 것입니다. 하지만 오라버니는 마음속에 오물이 있어서 불인을 오물로 본 것이지요."

소동파는 여동생의 말을 듣고 크게 깨달았다.

다른 사람을 존중하지 않는 것은 자기 자신을 존중하지 않는 것과 같다. 그러니 우리는 항상 남을 존중하고 자기 수양을 게을리 하지 말아야 한다.

요행심

요행심은 건강하지 못한 심리이다. 이런 심리 때문에 우리는 때로 마치 누군가의 꼬임에 빠진 것처럼 정확한 판단을 내리지 못하고 삶의 방향성까지도 상실한다. 요행심으로 인해 일시적으로 이득을 볼 수는 있지만, 언젠가는 모든 것이 무너진다. 그러므로 요행심을 버리고 인격 수양에 힘써야 한다.
'보검의 날이 날카로운 것은 열심히 갈았기 때문이며, 매화가 좋은 향기를 내뿜는 것은 추운 겨울을 견뎌냈기 때문이다'라는 말이 있듯이, 근면성실한 자세로 차근차근 최선을 다할 때 성공의 문턱으로 다가갈 수 있다.

밀부제의 깊은 뜻

밀부제는 공자의 문하생 중 하나였다. 공자는 밀부제가 임금께 충성하고 부모 형제에 대한 존경과 사랑이 가득하고 예의로 사람을 대한다고 칭찬을 아끼지 않았으며, 그를 '마음에 거리낌이 없는 군자'라고 했다.

밀부제는 노나라의 관직에 있을 때 선배들을 존경하고 후배들을 사랑했으며, 투기에는 손을 대지 않았다. 백성들에게는 인정仁政을 베풀었고, 민심과 사회 분위기를 중요하게 생각해 백성들이 즐겁고 편안하게 살 수 있도록 노력했다. '길에 물건이 떨어져 있어도 줍지 않고, 한밤중에도 문을 잠그지 않는다'고 할 정도로 태평하고 올바른 기풍이 자리 잡아, 당시 많은 사람들의 존경과 사랑을 한 몸에 받았다.

그러던 중 제나라가 단부현을 통해 노나라를 공격할 것 같다는 소식이 노나라에 전해졌다. 그때는 마침 보리를 수확하는 시기였다. 단부현 내의 덕망 높은 현인들이 밀부제를 찾아가 누가 심었는지에 상관없이 백성들이 마음대로 보리를 거둘 수 있도록 명령을 내려달라고 부탁했다. 그들은 단부현의 백성들이 보리를 수확하면 실질적인 혜택을 입을 거라고 생각했다. 정말로 전쟁이 벌어지기라도 하면 보리밭이 곧 적의 손에 짓밟힐 것이고, 그들이 보리를 다 가져갈 수도 있는 상황이었다.

하지만 현인들의 삼고초려에도 불구하고 밀부제는 그들의 부탁을 거절했다. 그 말을 전해 들은 공자는 너무 화가 나서 사람을 보내 밀부제를 따끔하게 야단쳤다. 밀부제는 공자가 보낸 사람에게 말했다.

"올해에는 밀 작황이 좋지 않습니다. 내년이 되어야 다시 심을 수 있죠. 이런 상황에서 적이 침입할지 모른다고 보리를 심지 않고 노력도 하지 않은 사람들에게 보리를 수확하게 한다면 그들은 요행심을 갖게 될 것입니다. 또 적의 공격이 자주 있으면 좋겠다고 생각하겠죠. 그러면 공들이거나 땀 흘리지 않고도 쉽게 보리를 얻을 수 있을 테니까요. 물론 전쟁이 발발하면 보리는 모두 적들이 가져갈 것입니다. 그 일의 영향은 단부현에만 국한될 뿐, 노나라 전체의 국력을 쇠퇴시키지는 않을 것입니다. 하지만 백성들이 이 일로 인해 요행심을 가진다면 사회 풍토 전체에 해를 끼치게 되고 결국 노나라에 위기를 가져올 것입니다. 저는 그것이 두렵습니다."

밀부제의 깊은 뜻을 알게 된 공자는 그제야 그가 국가의 안녕과 평화를 염원하는 훌륭한 인물이라는 사실을 알았다.

요행심은 우리가 반드시 피해야 하는 투기 심리이다. 요행심을 가진 사람은 절대 성공할 수 없다. 어쩌다 한두 번 이익을 얻을지는 몰라도 결코 오래가지 못한다. 그러므로 요행심을 버리고 성실한 자세로 한 계단씩 성공을 향해 나아가야 한다. 이것이 성공으로 가는 정도正道이다.

자동 현금 인출기

쉬팅은 산시의 린펀에서 광저우로 아르바이트 일을 구하러 왔다. 2006년 4월 어느 날, 그는 자신이 거래하는 은행의 ATM 기기로 갔다. 원래 100위안을 인출하려고 했지만, 자기도 모르게 1천 위안이라고 눌러버렸다. 깜짝 놀라 카드 잔액을 살펴보니 1위안만 빠져나가 있었다. 그는 50번에 걸쳐 ATM 기기를 사용해 5만 위안의 현금을 인출했다. 그런 뒤 내심 걱정이 되어 법원 보안 일을 하는 친구 궈안산에게 물었다.

"이 일을 경찰에 알려야 할까? 아니면 은행에 알려야 할까?"

뜻밖의 횡재라는 요행심이 그들의 정직함과 이성을 압도했다. 다음날 새벽 두 사람은 다시 ATM 기기로 왔다. 쉬팅은 자기 카드를 102차례 사용해 10만 2천 위안을 인출했고, 궈안산도 1만 8천 위안을 인출했다. 많은 돈을 인출한 두 사람은 즉시 도망쳤다. 자기들의 돈은 아니지만 만일 은행에서 이 사실을 알아채면 그때 가서 돌려주면 그만이라고 생각했다. 하지만 4월 23일까지 아무도 그들을 찾지 않았다. 그러자 요행심이 다시 고개를 들었다.

'은행에서는 우리가 비정상적인 방법으로 돈을 인출한 사실을 몰라.'

그들은 고향으로 가는 열차에 몸을 실었다. 그들이 광저우를 떠난 직후, 은행은 ATM 기기에 이상이 생겼다는 것을 발견했고 CC TV 기록을 살핀 끝에 쉬팅이 범인이라는 사실을 알아냈다. 산시 린펀의 시내버스 안에서 쉬팅은 전화 한 통을 받았다. 빨리 돌아와 돈을 돌려달라는 전화였다. 광저우 상업은행이 경찰에 신고를 했다는 이야기였다. 놀라고 당황해서 어쩔 줄 몰라 하던 쉬팅은 집으로 가지 않고 타이위안으로 갔다. 거기서 PC방을 차렸다. 돈을 번 후 은행에 돌려줄 생각이었다. 그러나 사업은 생각만큼 쉽지 않았다. 결국 그는 PC방 사업을 접고 종업원 일을 시작했지만, 마음속은 전쟁이 난 것처럼 매일매일이 불안했다. 그렇게 숨어 다닌 지 1년 만에 바오지 기차역에서 공안원에게 붙잡혔다.

2008년 3월 31일, 1심 판결이 나왔다. 쉬팅은 절도죄로 5년 유기징역에 벌금형 2만 위안을 받았고, 친구 궈안산은 공안에 자수한 후 1만 8천 위안을 돌려주었으므로 1년 유기징역형을 받았다.

이들은 눈앞의 사소한 이익에 목숨을 걸다가 인생을 망쳐버렸다. 우리는 늘·요행심을 경계해야 한다. 누구나 재물을 얻을 권리가 있지만, 반드시 성실하고 합법적인 방법과 노력을 통해 얻어야 한다. 요행심으로 불의의 재물을 얻으면 결국 불행해진다.

세상에 **공짜**는 없다

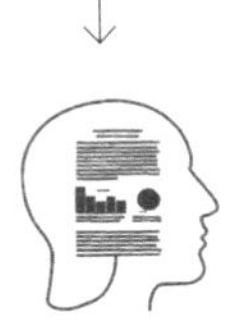

리우 아주머니는 베이징 차오양 구에 사는 퇴직자다. 그녀는 요행심 때문에 횡재를 바라다가 3천 위안을 사기당했다.

2007년 11월, 양복을 차려입은 젊은이들이 리우 아주머니의 집을 방문했다.

"저희는 부동산관리공사에서 차오양 구의 부동산을 관리하는 일을 하고 있습니다. 최근 저희 회사에서 주민들과 회사 간의 거리를 좁히기 위해 '사랑을 나눕니다'라는 캠페인을 하는데, 무작위로 3백 가구를 '행운의 인물'로 선정했습니다. 리우 아주머니도 '행운의 인물'에 선정되어서 저희가 이렇게 방문한 것입니다. '행운의 인물'에 선정되면 텔레비전, 냉장고, 에어컨을 받게 되는데, 먼저 3천 위안이 필요합니다. 12월 부동산관리공사가 캠페인을 할 때 현장에서 3천 위안을 돌려주고 경품도 제공하지요. 경품에는 안마기와 자전거가 있고, 당첨 확률은 100%입니다. 하지만 저희가 3천 위안을 먼저 받아놓습니다. 리우 아주머니의 이름으로 경품을 확보해두기 위해서죠. 추첨했을 때 당첨된 사람이 다른 지역에 살거나 집주인이 따로 있다면, 다시 추첨을 해야 합니다. 또 회사의 캠페인 현장에서 '행운의 인물'에 선정되었다는 보증도 해야 합니다. 그래야 현장에서 다시 대상에 당첨될 수 있기 때문이지요."

그들은 부동산관리공사에서 발급한 공증서를 보여주고, 회사 전화번호도 알려주었다. 리우 아주머니는 그 번호로 전화를 걸어보았다. 전화 통화를 통해 젊은이들의 이야기와 회사 측의 이야기가 같다는 사실을 확인했다. 조금 의심쩍었지만 '만일 이것이 사실이라면 하늘에서 굴러 들어온 횡재야. 이런 절호의 기회를 놓친다면 너무 아까울 거야. 게다가 경품도 추가로 받을 수 있고, 전화해서 확인도 했고, 공증서도 있고, 이 젊은이들도 사기꾼처럼 보이지는 않으니까……'라고 생각했다. 리우 아주머니는 두 젊은이에게 3천 위안을 건넸다.

두 젊은이는 캠페인이 시작될 때 다시 전화하겠다며 영수증을 주었다. 하지만 12월 중순이 되었는데도 리우 아주머니는 전화를 받지 못했다. 그들이 알려준 번호로 전화를 걸었지만 아무도 받지 않았다. 리우 아주머니는 곧바로 파출소에 신고했다.

그 회사는 유령회사이며 '행운의 인물' 캠페인 같은 것도 없다는 사실이 밝혀졌다. 그제야 리우 아주머니는 3천 위안을 사기당했다는 것을 알았다.

세상에 공짜는 없다. 하늘에서 뚝 떨어지는 횡재도 없다. 요행심은 마약처럼 사람의 정신을 혼미하게 만든다. 요행심 때문에 판단하는 능력을 잃고 요행심의 포로가 되어버린다. 공짜로 이익을 얻겠다는 마음 때문에, 즉 '쌀 한 톨을 공짜로 얻을' 생각 때문에 1년 치 양식을 모두 잃어버리는 결과를 가져온다. 그러므로 어떤 일이든 늘 신중해야 하며, 요행심 따위는 절대로 가져서는 안 된다. 스스로 힘을 키우고 약점을 극복해 요행심을 피할 능력을 길러야 한다.

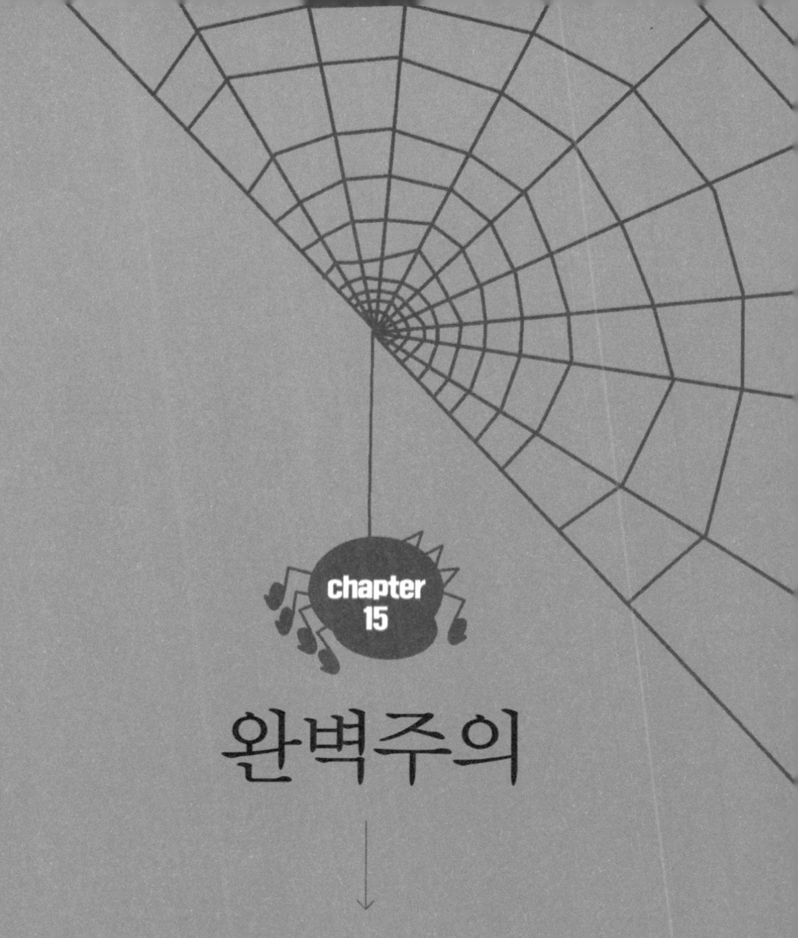

완벽주의

중국에는 '금 또한 완전히 누렇지 아니할진대 완벽한 사람이 어디 있겠는가'라는 말이 있다. 러시아를 대표하는 사상가 니콜라이 체르니셰프스키는 "태양에도 흑점이 있듯이 인간에게도 결점이 있게 마련이다"라는 말을 했다.

이 세상에 완벽하게 아름다운 꽃은 없다. 하지만 우리 주변에는 완벽을 추구하는 사람들이 있다. 그들은 자기 자신에게 무결점과 완벽을 요구하며, 주변 사람들에게도 같은 것을 요구한다. 지나치게 완벽을 추구하다 보니 즐겁고 행복한 삶을 누릴 기회를 잃어버린다.

완벽주의—
득보다 실이 많은 선택

볼테르는 "완벽함만 추구하다가 아름다운 결과를 놓치지 마라"라고 말했다. 완벽하고 싶고 아름답고 싶은 것은 누구나 품는 소망이다. 그러나 사람은 누구나 크고 작은 단점들을 갖고 있다. 이런 단점들이 있어야 사람은 더욱 진실해진다.

어느 나라의 왕자가 아버지인 왕에게 한 가지 청을 올렸다.

"저는 일반 백성 중에서 아내를 맞이하고 싶습니다. 특별한 요구 조건은 없습니다. 아름답고 현명하고 착한 여인이면 됩니다."

왕자가 신붓감을 구한다는 소식이 온 나라에 알려지자 처녀들은 흥분하고 마음 설레했다. 어느 작은 마을에 사는 두 자매도 이 소식을 들었다. 그 자매는 미모가 빼어나 '자매꽃'이라고 불렸다. 자매의 아버지 또한 자기 딸이 왕세자비가 될지도 모른다는 기대에 부풀어 올랐다. 아버지는 딸들에게 예쁜 옷을 사주고 아름답게 치장시켜 왕자가 사는 궁궐로 보내 왕세자비 선발에 참여시키기로 했다. 두 자매 역시 기쁜 마음으로 집을 나섰다. 길에서 자매는 자신들과 같은 목적을 가진 수많은 아가씨들을 만났다. 여동생이 언니에게 말했다.

"언니, 후보자들이 다들 정말 예쁘네요."

"그러게 말이야. 우리나라에 예쁜 아가씨들이 이렇게 많다니."

여동생은 미간을 찌푸리며 다시 말했다.

"왕자가 예쁘다고 생각하는 기준은 뭘까요?"

그러자 옆에 있던 한 아가씨가 말했다.

"그야 당연한 것 아니에요? 왕자는 틀림없이 완벽한 외모를 가진 여자를 찾을 거예요."

이 말을 한 아가씨는 어릴 때 아버지가 사다 주신 서양 인형처럼 아름다웠다. 자매는 이 아가씨가 왕자의 요구 조건에 부합한다고 생각했다. 왕자는 보통 사람이 아니니 그가 생각하는 아름다움의 기준은 일반적인 아름다움을 넘어설 거라고 생각했다. 자매는 그 아가씨에게 물었다.

"당신은 얼굴에 잡티 하나 없네요. 정말 백옥 같은 피부예요. 옷이며 화장도 흠잡을 데가 없고요. 대체 비결이 뭐죠?"

그러자 아가씨가 대답했다.

"나는 신비의 약수를 알고 있어요. 그 약수만 마시면 누구나 아름다워져요."

자매는 그 아가씨에게 어떻게 하면 그 약수를 구할 수 있느냐고 물었다. 하지만 그 아가씨는 선뜻 대답해주지 않았다. 두 자매가 그 약수를 마시고 자기를 이길까봐 두려워하는 것 같았다. 자매는 끈질기게 졸랐다. 결국 자매는 신비의 약수를 파는 장사꾼을 만날 수 있었다. 장사꾼은 말했다.

"한 사람이 마실 분량밖에 없어요. 그러니 한 사람만 아름다워질 수 있습니다."

장사꾼의 말을 들은 언니는 신비의 약수를 혼자 마시기 위해 여동생을 남몰래 죽여버렸다.

왕은 호화로운 연회를 열고 전국에서 모여든 아름다운 아가씨들을 맞이했다. 왕자는 한쪽 구석에 서서 아가씨들을 하나하나 살펴보았다. 그러다가 수많은 아가씨들 중에서 눈에 띄게 아름다운 언니를 발견하고는 놀라움을 감추지 못했다. 춤을 추는 시간이 되자 왕자는 가장 먼저 언니에게 춤을 청했다. 언니는 기뻐서 어쩔 줄 몰랐다.

한 곡이 끝난 후, 왕자는 언니에게 정중히 인사했다. 언니는 아름다운 결말을 예상했지만, 왕자는 결국 그녀를 선택하지 않았다. 언니는 너무나 실망해서 왕자에게 달려가 따져 물었다. 그러자 왕자는 가엾다는 눈으로 그녀를 보며 말했다.

"당신은 정말 아름다운 여인입니다. 하지만 너무 완벽해요. 당신과 춤을 추니 마치 인형과 춤을 추는 것 같았습니다. 그리고 이상하게 무섭더군요. 나는 지나치게 완벽한 사람과 평생을 함께하고 싶지 않아요."

이후 여동생을 죽인 일이 발각되어 그녀는 사형에 처해졌다.

우리 주변에도 이와 비슷한 일들이 많이 일어난다. 아름답고 완벽하게 보이기 위해 수단과 방법을 가리지 않는다. 하지만 완벽한 겉모습이 모든 것을 대변해주지는 않는다. 완벽함을 추구하는 과정에서 소중한 것들을 잃을 수 있다. 심지어 목숨까지도.

완벽주의로 인한 **우울증**

많은 사람들이 현재보다 더 높은 수준에 오르기를 바라고 다른 사람들 앞에서 완벽한 모습을 보여주고 싶어 한다. 완벽을 추구하는 것이 잘못된 일은 아니다. 하지만 자신의 능력과 분수에 맞아야 한다. 지나치게 완벽함을 추구하다 보면 오히려 완벽에서 멀어질 수도 있다.

어느 방송 사회자에게 일어난 일이다. 그는 사회를 보는 방식이 상당히 신선했고 초대 손님들을 진심으로 대했다. 프로그램 시청률도 좋았다. 사회자는 무척 기분이 좋았고, '모두들 나를 이렇게 좋아해주니 절대로 시청자들을 실망시켜서는 안 돼'라고 생각했다.

그는 프로그램이 끝날 때마다 시청률을 일일이 체크했다. 시청률이 지난번보다 조금이라도 떨어지면 심각한 어조로 관계자들에게 물었다.

"이번 시청률이 지난번보다 좋지 않은 이유가 뭘까요?"

사실 관계자들도 시청률이 조금씩 차이 나는 원인을 정확히 알지 못했다. 시청률이 적정선을 유지하면 시청자들이 프로그램을 좋아한다고 판단하고 안심했을 뿐이다. 아무튼 그 프로그램은 반년 동안 20% 이상의 높은 시청률을 유지했고, 담당 PD 역시 시청률이 조금 떨어졌다고 해서 프로그램의 인기가 식었다고 볼 수는 없다고 설명했다. PD는 농담조로 말했다.

"아마 그 시간에 시청자들이 텔레비전을 잠시 껐나보죠. 아니면 고정 팬들이 다른 일 때문에 방송 시간을 놓쳤거나. 여러 가지 원인이 있을 수 있어요."

하지만 사회자는 그런 설명에 만족하지 못했다. 자신이 방송 중에 한 어떤 말과 행동 때문에 시청률이 떨어졌는지, 이유를 속속들이 알고 싶었다. 그는 자기 자신에게 지나치게 엄격했고, 늘 어떻게 하면 다른 프로그램보다 재미있게 만들어서 시청률을 더 올릴지 고민했다. 그러다 보니 잠도 제대로 못 자고, 밥도 제대로 못 먹었다. 일에 대한 스트레스가 커지면서 피로가 쌓이고 야위어갔다. 그러다가 결국 우울증에 걸렸다. 의사는 일을 잠시 쉬지 않으면 정말로 위험해질 수 있다고 충고했다. 결국 그는 프로그램에서 자진 하차하고 휴식을 취하기로 결정했다.

심리학에서는 목표나 기준을 현실과 동떨어질 정도로 높게 설정하는 사람을 완벽주의자로 본다. 그들은 '최고로 잘하든지, 아니면 아예 하지 않는 게 낫다'고 생각한다. 높은 기준과 엄격한 요구로 인해 사소한 잘못이나 단점도 그냥 지나치지 못한다. 사소한 단점도 없애기 위해 더욱 신경을 곤두세운다. 이런 사람들은 우울증이 생기기 쉽다. 정신건강을 위해서는 조금 허술해지는 것도 필요하다.

어느 **미혼남**의 **이상형**

어떻게 보면 완벽을 추구하는 것은 훌륭한 자질이라고 볼 수 있다. 하지만 이 세상에 완벽한 것은 없으며 완벽한 사람도 없다. 아무리 아름다운 보석도 현미경으로 보면 흠이 있다. 사람도 마찬가지다. 주변 사람이나 상황이 완벽하기만을 바라는 사람은 심리적으로 문제가 있는 것일 수도 있다.

제임스는 근사한 외모와 훌륭한 직업을 가진 미혼남이다. 그런 제임스에게 왜 여자친구가 없는지 다들 궁금해했다. 친한 친구들이 배우자의 기준이 뭐냐고 물을 때마다 그는 "그런 거 없어"라고 대답하곤 했다.

한 친구가 여자를 소개해주겠다고 제안하자 제임스는 좋다고 했다. 상대 여성은 성격이 굉장히 활달하고 말도 조리 있게 잘하는 똑똑한 여자였다. 제임스가 마음에 든 그 여성이 제임스에게 전화번호를 물었지만 제임스는 정중히 거절했다.

나중에 친구가 제임스에게 물었다.

"그 여자가 왜 마음에 안 들어? 성격도 활달하고 예쁜 여자인데……."

제임스는 웃으며 대답했다.

"그래, 맞아. 활달한 여자야. 하지만 가끔 오버할 때가 있어. 그리고 그렇게 예쁜 편은 아니지."

친구는 제임스의 뜻을 이해하고 다시 물었다.

"그 여자보다 덜 활달한 편이고 더 예쁜 아가씨가 있는데, 한번 만나볼래?"

제임스는 그 여자를 만났다. 친구는 어떻게 되었는지 궁금해 제임스에게 전화를 걸었다. 제임스가 말했다.

"네가 말한 것처럼 정말 예쁘더라. 그런데 결혼하고 집에만 있을 건가봐. 자기는 요리를 잘한다고 하더라고. 하지만 나는 그런 스타일의 여자와 평생을 함께하고 싶지는 않아. 커리어 우먼이 좋아. 그래야 서로 사회생활을 하는 데 도움이 되지 않겠어?"

친구는 한참 생각을 하더니 말했다.

"오케이, 그런 여자를 하나 알고 있어."

제임스는 그 커리어 우먼을 소개받았다. 친구는 그날 밤 또다시 제임스에게 확인 전화를 했다.

"어땠어? 이번엔 마음에 들어?"

제임스는 한숨을 푹 내쉬더니 대답했다.

"내가 능력 있는 커리어 우먼을 좋아하는 건 사실이지만, 얼굴이 너무 별로더라. 넌 그렇게 생각 안 하니?"

제임스의 말을 들은 친구는 조금 짜증이 났다.

"나는 네가 예쁜 여자보다는 능력 있는 여자를 원하는 줄 알았지."

"물론이지. 능력도 있으면서 예쁜 여자."

제임스가 말했다.

친구는 또 다른 여자를 소개해주었다. 그리고 제임스에게 물었다.

"어때? 이번엔 네 이상형 맞지? 예쁘고 능력도 있잖아. 너하고 잘 맞을 거야."

제임스는 잠시 침묵하더니 말했다.

"그래. 예쁘고 능력 있는 여자 맞아. 그런데 취미가 아무것도 없나 봐. 일 이야기 아니면 옷 이야기만 하더라고. 잘하는 요리가 있느냐고 물으니까, 그런 건 로마 시대 여자들이나 하는 거래. 얼마나 황당하고 어이가 없던지. 그런 여자랑 평생을 함께할 수는 없어."

친구는 아무 말 없이 전화를 끊었다. 며칠 후, 친구는 제임스에게 메일을 보냈다.

'제임스, 아무래도 너는 로봇을 아내로 맞아야 할 것 같다. 로봇을 만드는 사람에게 한번 부탁해봐. 예쁘고, 현명하고, 활달하고, 교양 있고, 음식도 잘하고, 능력 있는 여자 로봇 말이야. 그런 로봇만이 너를 만족시킬 수 있을 거야.'

우리는 누구나 완벽함을 갈망하고 동경한다. 완벽한 삶을 추구하는 것이 나쁜 일은 아니다. 하지만 정도껏 해야 한다. 모든 일이 한 치의 흠도 없이 완벽할 수는 없다. 지나치게 완벽을 추구하는 사람은 스스로를 감옥에 가둘 수 있다. 또한 아무리 완벽을 추구해도 그것을 정말로 손에 넣을 수는 없는 법이다.

슈퍼우먼 콤플렉스

현대를 살아가는 많은 여성들이 슈퍼우먼이 되길 꿈꾼다. 외적으로 아름다울 뿐 아니라, 일에서도 남보다 뛰어나기 위해 고군분투한다. 결혼을 한 후에도 주부로서 가정을 화목하게 이끌고 직장생활도 완벽하게 하려고 노력한다.

미란다는 열일곱 살에 슈퍼우먼이 되어야겠다고 결심했다. 미란다는 미국의 한 수녀 학교를 다녔는데, 이 학교는 여학생들에게 무척 엄격했다. 입는 옷부터 시작해서 학교생활까지 엄격하게 관리했다. 학교는 ABCD로 학생들의 성적을 매겼는데, A가 최고 등급이었다. 하지만 미란다는 공부를 잘하는 것만으로는 성에 차지 않았다. 성적이 좋은 아이들은 학교에 얼마든지 많았다. 성적이 좋고, 악기도 잘 다루고, 영어뿐만 아니라 제2외국어까지 잘하는 아이들도 많았다.

그런 우수한 친구들이 미란다에게 심리적 부담을 주었지만, 덕분에 그녀는 더 열심히 해야겠다는 목표를 세울 수 있었다. 미란다는 공부 외에도 많은 목표를 세웠다. 그녀의 삶은 그 목표를 중심으로 이루어졌다. 영어를 포함해 외국어를 3가지나 공부했고, 스키와 펜싱도 배웠다. 피아노도 훌륭하게 연주할 수 있도록 맹연습했다.

이 모든 것을 해나가는 동시에 식사를 엄격히 조절하면서 꾸준히 몸매 관리도 했다. 여러 가지 공부와 연습 때문에 피곤했지만 마음을 다잡아가며 꾸준히 관리했다.

우수한 성적으로 대학을 졸업한 미란다는 사회에 진출했다. 그녀는 일에서도 매우 엄격했다. 하루 평균 12시간을 일했다. 동시에 많은 것들을 열심히 공부해서 무엇이든 척척 해내는 만능인이 되려고 했다. 열심히 노력한 미란다는 고속 승진을 했고 결혼도 했다.

완벽을 추구하는 성격 때문에 그녀는 직장에서도 가정에서도 무척 엄격했다. 매일 새벽 4시에 일어나 두 시간 동안 정성 들여 화장을 하고, 아이들을 깨워 아침을 먹였다. 집 청소를 간단히 끝낸 후 한 시간 동안 그날 입을 옷을 정하고, 아이들을 학교에 데려다준 뒤 회사로 출근했다.

저녁에 집에 돌아오면 몸이 부서질 듯 피곤했지만 다시 청소를 하고, 아이들의 식사를 챙겨주고, 몸을 씻겨주었다. 남편은 그녀가 굉장히 피곤할 것 같아 가사 도우미를 쓰자고 제안했다. 하지만 미란다는 가사 도우미가 아무리 잘해도 설거지와 세탁 등 집안일을 그녀 마음에 들게 해낼 수 없을 거라고 생각해 거절했다.

모든 일을 마치면 밤 12시가 다 되었다. 미란다는 그때부터 다시 두어 시간 정도 일을 더 했다. 그녀는 모든 일이 계획대로 제때제때 처리되기를 원했다. 아무리 업무량이 많아도 엄격한 식사 조절 또한 게을리 하지 않았다.

동료들은 미란다의 시계가 다른 사람보다 한 시간 빠르다고 하면서 그녀에게 '슈퍼우먼'이라는 별명을 붙여주었다. 그러자 미란다는 이것이 바로 자신이 원하던 것이라고 생각했고, 동료들의 부러움 어린 눈빛을 보면서 스스로를 더욱 다그쳤다. 일하다가 문제라도 발생하면 그녀는 오랫동안 자책했다. 가정에서도 마찬가지였다. 방 안이 늘 깨끗해야 했고, 아이들이 실수로 소파를 더럽히기라도 하면 불같이 화를 냈다.

서른다섯이 넘은 후에도 가정과 직장 생활을 완벽하게 병행하던 미란다는 점점 피로가 누적되어 갔다. 가끔씩은 이러다가 곧 죽을지도 모른다는 생각이 들었다. 미란다의 주치의는 그녀에게 다이어트를 하지 말라고 충고했다.

"이렇게 매일 쉴 틈 없이 강도 높게 일하는데, 끼니를 다 챙겨 먹어도 살은 찌지 않을 겁니다."

하지만 미란다는 주치의의 충고를 듣지 않고 여전히 자기 방식대로 일하고 식사 조절을 했다. 그러던 어느 날, 그녀는 회의 중에 갑자기 정신이 혼미해졌고 의식을 잃었다. 급하게 병원으로 옮겼지만 이미 호흡이 멈춘 상태였다. 의사는 과로사로 판정했다.

연구에 따르면 완벽함을 추구하는 사람은 과로사에 걸릴 확률이 일반인보다 몇 배나 높다고 한다. 과로사는 노동량이 지나치게 많거나 노동 시간이 지나치게 길어질 때 신체기관이 일찍 쇠약해지면서 면역력이 저하되어 죽음에 이르게 되는 것을 말한다. 미란다는 '슈퍼우먼'이 되고자 결심한 그 순간부터 이미 과로사의 위험에 노출되어 있었던 것이다.

그러니 완벽함을 추구하는 것도 정도껏 해야 한다. 건강과 생활 그리고 일 사이에서 균형점을 잘 찾아야 한다. 그래야만 건강한 삶을 누릴 수 있다.

너무 **맑은 물**에는 **물고기**가 살지 않는다

수잔나는 명문대 출신의 아름다운 여성이자 유능한 건축 설계사다. 친구들의 눈에 수잔나는 완벽한 사람이다. 하지만 수잔나 자신은 그렇게 생각하지 않는다. 자기보다 예쁜 여자를 보면 우울해진다. 친구들이 너는 더 예쁘다고 말하지만, 수잔나 본인은 그렇게 생각하지 않는다.

어느 날 수잔나는 친구 제시와 함께 파티에 초대받았다. 제시가 한 시간 전에 수잔나의 집에 도착했다. 제시가 입은 파티복을 보고 수잔나는 얼굴을 찡그렸다. 옷이 너무 허름해 보였던 것이다.

수잔나가 말했다.

"제시, 내 옷을 빌려줄 테니 바꿔 입어."

하지만 수잔나의 옷은 제시에게 맞질 않았다. 마음이 다급해진 수잔나는 제시에게 집으로 돌아가 다른 옷으로 갈아입고 오라고 했다. 그 말을 들은 제시는 화가 나서 말했다.

"나 그냥 파티에 안 갈래."

그래도 수잔나는 끈질기게 말했다.

"말씨름은 그만 하고, 빨리 다른 옷으로 갈아입고 와."

제시가 돌아간 후, 수잔나는 화장을 하고 옷을 고르기 시작했다. 삼십 분 뒤, 제시가 수잔나의 집으로 돌아왔다. 그런데 수잔나가 멍하니 침대에 앉아 있는 것이었다. 제시는 무슨 일이냐고 물었다. 그러자 수잔나가 말했다.

"도대체 어떤 옷을 입어야 할지 모르겠어."

그러고는 제시의 옷차림을 보더니 물었다.

"정말 그 옷을 입고 파티에 가려고?"

제시가 대답했다.

"왜? 난 좋은데."

"옷이랑 신발이 안 어울리잖아. 그리고 화장 좀 봐. 맙소사, 립스틱 색이랑 아이섀도 색도 정말 기절하겠다. 너는 왜 그렇게 꾸밀 줄을 모르니?"

제시는 수잔나의 말에 화가 났다.

"수잔나, 나 파티에 가지 않을래. 파티 가고 싶은 마음이 다 사라져버렸어."

수잔나는 제시가 화가 난 것을 알아차리고 작은 소리로 말했다.

"그럼 립스틱 색깔만 바꾸자."

그러고는 자기가 입을 옷을 고르기 시작했다.

어느새 파티 시간이 다 되었다. 그런데 수잔나는 아직도 두 벌의 옷 중에서 고민하고 있었다. 마침내 옷을 선택했지만, 여전히 성에 안 차는지 파티 장소로 가다가 다시 돌아와 다른 옷으로 바꿔 입었다. 사실 친구들은 수잔나의 그런 행동을 견디기 힘들어했다. 신발을 고르느라 약속 시간에 삼십 분씩 늦는 일은 다반사였다.

더 심각한 것은 수잔나는 친구를 칭찬하는 법이 전혀 없다는 사실이었다. 친구들에게 좋은 일이 생겨도 "그건 네 일이니까 네가 하는 게 당연하지 뭐가 대단하다고 자랑하니?"라고 냉랭하게 쏘아붙였다. 친구들은 완벽주의자인 수잔나에게 매번 싫은 소리만 듣는다는 것을 알게 되었다. 지나치게 완벽함만 추구하는 수잔나 때문에 수잔나와 함께 시간 보내는 것을 꺼리게 되었다. 수잔나는 점점 외톨이가 되어갔다.

완벽한 사람이 되려고 노력하는 것은 칭찬받을 만한 일이다. 그러나 그 노력이 주변 사람들에게 해를 끼치고 자신의 평판을 떨어뜨린다면 결코 좋은 일이라 할 수 없을 것이다. 완벽을 추구하는 것도 좋지만 주변을 돌아볼 줄도 알아야 한다.

목표 상실

고금을 막론하고 성공한 사람들은 두 가지 공통점을 가지고 있다.

첫째, 목표가 무엇인지 분명히 알고 있다.

둘째, 목표를 향해 끊임없이 고군분투한다.

목표가 없는 사람은 정처 없이 떠도는 배처럼 바람 부는 대로 움직일 뿐이다. 그러나 뚜렷한 목표를 세우고 끈기 있게 전진한다면, 세상은 길을 내어줄 것이다.

성공하고 싶다면 작은 것부터 시작해야 한다. 명확하고 장기적이고 구체적인 목표를 설정하고, 충분한 시간을 투자해 목표를 향해 나아가야 한다. 그러다 보면 어느새 목적지에 도달해 있을 것이다.

성공하고 싶다면 먼저 뜻을 세우고 자기에게 맞는 인생 목표를 정하라.

한 장의 **종이**가 **꿈**을 이뤄주다

에드워드 보커는 어릴 때부터 책 읽기를 좋아했고 유능한 편집장이 되는 것이 꿈이었다. 하지만 기회가 주어지지 않았다. 그는 대학을 졸업하고 회사에 취직한 후에도 여가 시간에 틈틈이 습작을 하며 언젠가는 유능한 편집장이 되겠다는 꿈을 키웠다.

당시 담배 회사에서는 담뱃갑에 인물 사진 한 장씩을 끼워 넣어 판매했다. 그 종이의 뒷면은 백지였다. 친구들이 담뱃갑을 뜯은 후 그 종이를 아무 데나 버리는 것을 보고, 그는 그 종이 뒷면에 인물에 관한 이야기나 좋은 의미가 담긴 메시지를 적어 넣는다면 판매가 증대될 거라고 생각했다. 그는 담배 회사를 찾아가 자기 생각을 이야기했다. 사장은 좋은 생각이라며 그에게 말했다.

"그렇다면 미국의 유명인사 100명에 대한 이야기를 한번 써보세요. 편당 10달러를 주겠소. 글자 수는 100자로 제한합시다. 유명인사들의 명단은 대통령, 장군, 작가, 연예인 순으로 정리해봅시다."

보커는 좋다고 대답한 후 자료를 수집하기 시작했다. 얼마 후, 그는 작품을 완성하여 담배 회사 사장에게 제출했다. 사장은 그의 글이 상당히 창의적이라고 생각해서 그와 계속 일하기로 했다. 일이 많아지면서 혼자 하기에는 역부족이 되었다. 그는 동생에게 도움을 청했다. 업무량은 계속 늘어났고, 결국 사람을 더 쓰기로 했다. 신문 기자 출신의 직원 다섯 명을 고용했다. 몇 년 후 보커는 『레이디스 홈』이라는 잡지를 창간했고, 결국 자신의 꿈을 이루었다.

살다 보면 기회는 많이 찾아온다. 하지만 분명한 목표가 없는 사람은 기회가 찾아와도 잡지 못한다. 항상 목표를 뚜렷이 세우고 그 목표를 실현할 수 있다고 스스로 자기 암시를 하면 더 많은 것을 이룰 수 있다. 다른 사람이 보기에는 별것 아닌 평범한 일이라도 예기치 않은 기회가 될 수 있다. 명확한 목표를 세우면 남들보다 빨리 기회를 알아보고 잡을 수 있다.

다른 사람의 말 때문에 **꿈**을 버리지 마라

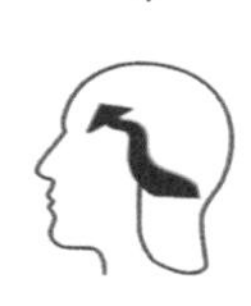

어느 선생님이 학생들에게 '나의 희망'이라는 작문 주제를 내주었다. 학생들은 노트에 각자의 희망과 꿈을 써 내려가기 시작했다. 선생님이 되고 싶은 사람, 기자가 되고 싶은 사람, 우주 비행사가 되고 싶은 사람 등 학생들의 꿈은 각양각색이었다. 그중 한 여학생이 이렇게 썼다.

'나는 앞으로 넓은 정원을 갖고 싶다. 여러 가지 과일나무를 심어 놓고 푸른 초원처럼 꾸미고 싶다. 작은 통나무집과 마구간, 바비큐 그릴도 만들고, 널따란 풀장도 만들고 싶다. 편히 쉴 수 있는 리조트도 만들고 싶다. 많은 사람들이 그곳에서 여가를 즐기면 좋겠다.'

선생님은 그 여학생의 노트에 크게 X표를 한 뒤 다시 쓰라고 했다. 여학생은 자신의 작문이 어디가 잘못되었는지를 몰라 노트를 들고 선생님에게 가서 무엇이 잘못되었느냐고 물었다. 그러자 선생님이 말했다.

"선생님은 '나의 희망'이라는 주제로 작문을 하라고 했잖아. 그건 네가 앞으로 어떤 일을 하고 싶은지를 쓰라는 거야. 하지만 네가 쓴 작문은 현실적이지 못한 환상일 뿐이야."

"선생님, 저는 정말 제가 하고 싶은 일에 대해 쓴 거예요. 나중에 커서 정말 이런 정원을 갖고 싶어요."

"그건 공상일 뿐이야. 좀 더 현실적인 꿈을 적어보렴."

선생님이 말했다.

여학생은 선생님의 말에 아랑곳하지 않고 말했다.

"이건 정말 제가 이루고 싶은 꿈이에요. 저는 꿈을 바꾸고 싶지 않아요."

그러자 선생님이 말했다.

"작문을 다시 쓰지 않겠다면 너에게 나쁜 점수를 줄 수밖에 없다."

여학생은 끝내 작문을 다시 쓰지 않았다. 선생님은 그 여학생의 작문에 E학점을 줬다.

25년이 지난 어느 날, 그 선생님은 학생들을 데리고 아름다운 정원으로 소풍을 갔다. 푸른 잔디밭에서 게임도 하고, 바비큐 파티도 하고, 즐겁게 놀면서 휴식을 취했다.

한 중년 여인이 그들에게 다가왔다. 중년 여인은 자신이 선생님의 옛 제자라고 소개했다. 선생님은 어리둥절했다.

"기억하세요? '나의 희망'이라는 주제의 작문에 현실적인 내용을 쓰지 않았다고 E학점을 받았던 학생이에요. 지금 선생님께서 계신 이 정원은 제가 만든 거예요. 전 결국 제 꿈을 이루었답니다."

그 여인을 보고 선생님은 감탄했다.

"그래, 네가 바로 그때 꿈을 바꾸지 않겠다고 고집을 부렸던 아이로구나. 정말 상상도 하지 못했다. 너같이 큰 꿈을 가진 아이들이 많았지만, 그 아이들은 대부분 내 말을 듣고 꿈을 바꿨지. 너만 고집을 꺾지 않고 끝내 꿈을 이루었구나. 정말 대단하다."

내 인생은 내가 사는 것이다. 내가 무슨 일을 하고 싶어 하든 아무도 나를 비난할 권리는 없다. 환경이 따라주지 않아도 꿈을 가지고 자신이 하고 싶은 일을 묵묵히 해나간다면, 결국 목표에 도달할 수 있다. 그런 다음 그간의 여정을 돌아보면서 자신 있게 말할 수 있을 것이다. "자, 봐. 내가 걸어온 길이야"라고.

목표가 당신의 **성공**을 결정한다

사람의 과거와 현재는 별로 중요하지 않다. 중요한 것은 앞으로 어떤 일을 하고 어떤 성과를 거둘 것인가 하는 것이다. 인생은 망망대해이고, 우리는 망망대해 속을 항해하는 배다. 빨리 육지에 도착하고 싶다면 목표를 잘 세워야 한다. 목표가 뚜렷한 사람만이 자신의 운명을 결정할 수 있다. 목표가 흐린 사람은 무의미한 인생을 보낼 수밖에 없다.

하버드 대학에서 '목표가 인생에 미치는 영향'에 관해 조사했다. 조사 대상은 우수한 성적으로 졸업한 각 분야의 졸업생들이었다.

그중,

3%는 명확하고 장기적인 목표를 가지고 있었다.

10%는 명확하고 단기적인 목표를 가지고 있었다.

60%는 목표가 불분명했다.

27%는 목표가 없었다.

25년 후, 하버드 대학은 이들을 다시 조사했다. 그 결과는 다음과 같았다.

명확하고 장기적인 목표가 있었던 3%는 25년 동안 한 방향으로 노력했고, 대부분 사회적으로 성공한 사람이 되었다. 기업의 사장 또는 사회의 엘리트가 되어 있었다.

명확하고 단기적인 목표가 있었던 10%는 단기적인 목표를 하나하나 실현해 각 분야의 전문가가 되었고, 사회의 중산층이 되었다.

목표가 불분명했던 60%는 특별한 성과 없이 평범한 생활을 하고 있었으며, 중하위층이었다.

목표가 아예 없었던 27%는 삶이 뜻대로 되지 않아 남과 사회를 원망하며 살고 있었다.

졸업 당시에는 비슷했지만, 25년이 지나자 자신이 하고 싶은 것이 무엇인지 분명히 알았던 사람과 불분명하게 알았던 사람, 잘 몰랐던 사람 사이에 뚜렷한 격차가 나타났다.

성공이란 무엇일까? 자신이 세운 목표에 도달하기 위해 끊임없이 노력하고 그 목표를 이루는 것이다. 그러므로 목표가 없으면 성공할 수 없다. 목표가 없으면 살아가면서 계속 방황하게 되고, 그 어디로도 가지 못한다. 명확한 목표가 있어야 앞으로 나아갈 원동력을 얻을 수 있다. 영국의 벤저민 디즈레일리 총리는 이렇게 말했다.

"성공의 비결은 목표를 끝까지 밀고 나가는 것이다."

정한 **목표**에 **매진**하라

스승과 제자 세 명이 초원에서 사냥을 하기 위해 준비를 하고 있었다. 사냥을 시작하려는데 스승이 제자들에게 물었다.

"지금 너희들은 무엇을 보고 있느냐?"

가장 나이 많은 제자가 대답했다.

"제 손의 활과 초원, 그리고 토끼를 보고 있습니다."

스승은 고개를 저었다.

다른 제자가 말했다.

"스승님과 두 형제, 사냥용 총과 토끼, 초원을 보고 있습니다."

스승은 또다시 고개를 저은 뒤 아무 말도 하지 않았다.

가장 어린 제자가 말했다.

"토끼만 보고 있습니다."

"네 말이 옳다. 사냥을 할 때는 토끼만 보면 된다. 목표만 생각하면 되는 것이다."

명확한 목표가 있으면 우리의 행동도 정확한 방향으로 나아갈 수 있다. 그러나 목표가 불분명하거나 너무 많으면 목표가 없는 것과 마찬가지이다. 미국의 텍사스 인스트루먼츠 사는 "목표가 두 가지 이상이면 목표가 없는 것과 같다"고 했다. 사람의 정력과 지식은 유한하기 때문에, 목표가 너무 많으면 고군분투해도 이렇다 할 성과를 내지 못한다. 목표가 하나일 때 정신을 집중하고 매진할 수 있다. 인생도 마찬가지이다. 목표가 너무 많으면 목표가 없는 것과도 같다. 반면 하나의 목표에 매진하면 결심을 더욱 공고히 할 수 있다. 역경에 부딪혀도 극복할 수 있고, 목표를 향해 끊임없이 달려갈 수 있다.

도심 속 **투명인간**

올해 서른 살인 거란은 세계적인 IT 회사의 베이징 자회사에서 기술 책임자로 일하고 있다. 그녀는 칭화 대학 컴퓨터공학과를 졸업하고 이 분야에서 5년째 일하고 있으며, 3년 전부터 책임자 역할을 맡고 있다. 그녀의 말에 따르면 더 이상 올라갈 데가 없다고 한다.

"갓 입사했을 때는 평범한 프로그래머였죠. 익혀야 할 기술과 공부해야 할 것들이 너무 많아서 새벽 2~3시에야 잠을 잘 수 있었어요. 2년간 열심히 노력한 끝에 겨우 회사 업무에 적응했죠. 하지만 월급이 많아지고 직책이 올라가면서 스트레스가 커졌어요. 기술 분야의 일뿐만 아니라 시장 관리도 해야 했죠. 매일 아침 8시에 출근해 부서 회의를 열어 동료들과 프로젝트에 대해 논하고, 고객과 협상을 진행하고, 부서 간의 의견을 조율하는 등 정신없이 하루를 보내고 나면 늦은 밤에나 집에 돌아갈 수 있었어요. 삶의 질이 높아졌고 경제적 여유도 생겼지만 몸은 계속 피곤한 상태예요."

거란은 날이 갈수록 눈에 띄게 수척해졌다. 지난달에는 상사와 문제가 생겼고, 큰 거래를 놓쳐버려 상사에게 꾸지람까지 들었다. 거란은 회사 일에 자신이 있고 많은 월급을 받으며 당당한 싱글족으로 살지만 뭔가 허전함을 느낀다. 일에 대한 열정도 예전처럼 타오르지 않는다. 회사 일을 줄이고 여유 있게 살고 싶지만 여전히 다람쥐 쳇바퀴 돌듯 바쁜 삶을 살고 있다.

이것이 아무런 꿈도 목표도 없이 하루하루 정신없이 살아가는 대부분의 현대인들의 모습이다. 어제 했던 일을 기계적으로 반복하면서 영혼을 잃은 빈껍데기가 되어간다. 사람의 인생은 3일뿐이다. 어제, 오늘, 그리고 내일이다. 어제는 이미 지나갔고 영원히 돌아오지 않는다. 오늘은 지금 우리가 보내고 있고 곧 지나갈 것이다. 내일이 오겠지만 그것도 언젠가는 지나가 버린다.

햇빛 찬란한 어느 날, 어부 A가 어망을 정리해 물고기 잡을 준비를 했다. 그는 해변에서 편안히 일광욕을 하는 어부 B를 보고는 다가가서 물었다.

"날씨가 이렇게 좋은데 왜 물고기를 잡으러 나가지 않나? 내일도 오늘처럼 날씨가 좋을지 누가 장담하겠어?"

어부 B는 그를 보더니 대답했다.

"날씨가 이렇게 좋은데 즐겨야지. 걱정하지 말게. 내일도 오늘처럼 날씨가 좋을 거야."

사람의 마음가짐은 목표에 따라 달라진다. 목표가 명확한 사람은 그 목표에 도달하기 위해 노력하고 분투하기 때문에 삶이 윤택해진다. 그러나 목표가 없는 사람은 '언젠가는 하늘에서 기회가 떨어지겠지'라고 생각한다. 그래서 인생의 진정한 가치가 무엇인지 실감하지도 못한 채 무기력해지고 아무런 즐거움도 느끼지 못한다. 명확한 목표는 나아갈 방향을 알려주는 나침반과도 같다. 목표를 향해 최선을 다해 나아갈 때 우리의 삶도 더욱 아름다워진다.

목표를 제대로 보면 **목적지**에 도달한다

두 친구가 있었다. 한 사람은 야위었고, 다른 한 사람은 뚱뚱했다. 두 사람은 폐기된 철도 위를 걷고 있었다. 그들은 철도를 따라 누가 더 멀리까지 가는지 내기를 했다.

야윈 사람은 속으로 생각했다.

'나는 이 뚱뚱한 친구보다 중심을 더 잘 잡을 수 있으니까 내가 이길 거야.'

내기가 시작되자 야윈 사람은 빠르게 걸어 뚱뚱한 사람을 멀리 따돌렸다. 야윈 사람은 서서히 걸음을 늦추었고 어느새 멈춰 섰다. 하지만 뚱뚱한 사람은 처음과 똑같은 속도를 유지했다. 어느새 둘 사이의 거리가 좁혀졌다. 어느 순간 뚱뚱한 사람이 야윈 사람을 따라잡았다. 뚱뚱한 사람이 앞지르기 시작하자, 야윈 사람은 마음이 급해져 걸음을 재촉했지만 체력이 달려 넘어지고 말았다. 뚱뚱한 사람이 내기에서 이겼다.

야윈 사람이 뚱뚱한 사람에게 승리의 비결을 묻자 뚱뚱한 사람이 대답했다.

"너는 발밑의 철도만 보고 가더라. 그래서 멀리 가지 못하고 넘어진 거야. 하지만 나는 뚱뚱하기 때문에 발밑의 철도를 볼 수 없었어. 저 멀리 철도 끝만 바라봤지. 너는 발밑의 철도만 내려다봤기 때문에 변색되고 녹슨 철도와 그 사이에 낀 이끼만 보였을걸. 하지만 나는 멀리 철도 끝을 봤기 때문에 정신을 더 집중할 수 있었어."

이 두 친구의 이야기를 듣고 어느 심리학자가 실험을 했다. 실험 참가자를 세 그룹으로 나눈 뒤 10킬로미터 떨어져 있는 세 개의 마을로 가게 했다.

첫째 그룹에게는 가야 할 마을의 이름도, 거기까지의 거리가 얼마인지도 알려주지 않고 그저 안내자를 따라가라고 했다. 2킬로미터쯤 갔을 때 누군가가 힘들다고 말했고, 5킬로미터쯤 갔을 때는 다들 화를 냈다. 어디로 가는지 몰랐기 때문에 길을 갈수록 힘이 빠졌고, 가고 싶은 마음도 점점 사라졌다.

둘째 그룹에게는 마을 이름과 그 마을까지의 거리를 알려주었다. 하지만 시간이 얼마나 걸리는지는 알려주지 않았다. 경험 많은 사람들만 대략적으로 계산을 했다. 5킬로미터쯤 갔을 때 사람들은 갈 길이 얼마나 남았는지 궁금해했다. 경험 많은 사람들이 반쯤 남았다고 말하자 사람들은 가던 길을 계속 갔다. 4분의 3쯤 갔을 때 사람들은 다시 원망을 했다. 안내자가 곧 도착한다고 말하자 겨우 걸음을 재촉했다.

셋째 그룹에게는 마을 이름과 그곳까지의 거리를 알려주고, 1킬로미터 갈 때마다 표지판을 설치해 목적지까지 얼마나 남았는지도 알려주었다. 사람들은 1킬로미터를 지날 때마다 더욱 기운을 냈다. 피곤해지면 노래를 부르고 서로에게 농담도 건넸다. 그러자 어느 순간 목적지에 도착해 있었다.

심리학자는 이 실험을 통해 다음과 같은 결론을 내렸다.

'성공하고 싶다면 명확한 목표를 세워야 하며, 그 목표를 실현하기 위해 실천할 수 있는 작은 목표들도 세워야 한다. 앞으로 자신이 해야 할 행동과 자신의 목표를 대조, 확인하면서 한 걸음씩 전진할 때 비로소 성공의 기쁨을 누릴 수 있다. 현재의 위치와 목표 사이에 다소 차이가 나더라도 자신을 다독이며 다음 목표를 향해 한 걸음 한 걸음 내딛다 보면 어느 순간 목적지에 도착한다.'

많은 사람들이 목표를 세우지만 목표에 도달하지 못하고 중도에 포기한다. 목표에 다다르는 과정이 어려워서가 아니라, 목표에 도달하기까지 남은 길이 너무 멀다고 느껴서이다. 이들은 힘들어서 포기한 것이 아니라, 구체적인 목표가 없어서 포기한 것이다. 큰 목표를 잘 설정한 뒤 구체적인 목표들을 세워 한 걸음 한 걸음 전진한다면, 성공은 어느새 당신의 눈앞에 다가와 있을 것이다.

중년의 위기

중년이 되면 왠지 불안과 초조감을 느끼게 된다. 도전할 목표가 없어서 전력투구할 수 없고, 왠지 의기소침해지며, 매사가 즐겁지 않고 짜증만 난다. 일과 가정에서 이중으로 스트레스를 받기 때문에 몸과 마음이 모두 지친다.

이른바 '중년의 위기'에 빠져 비관적인 마인드를 갖게 되고 심리적으로도 문제가 생긴다. 심리적 문제는 신체로 고스란히 나타난다. 반면 긍정적인 마인드를 가지고 중년을 맞이하는 사람은 이 시기를 잘 넘길 수 있다.

갑작스럽게 찾아오는 **고독**

대부분의 중년 남성들은 일에 치여 바쁜 삶을 살아간다. 양 어깨는 가정과 일에 대한 책임감으로 묵직하다. 주변 사람들과 마음을 터놓고 이야기할 시간도 별로 없어서 고독을 많이 느낀다. 사회에서 경쟁이 날로 치열해지면서 사람 사이의 관계도 냉혹해진다. 이것은 성공한 남성이나 성공하지 못한 남성이나 마찬가지다. 성공한 남성들은 자신이 이룬 것을 잃지 않고 유지해야 한다는 압박감에 시달리고, 성공하지 못한 남성들은 좌절감과 압박감에서 헤어나지 못한다.

리우 씨는 마흔이 넘은 중년 남성이며 백화점 사장이다. 남들이 보기에 그는 사업도 성공했고 가정도 화목해서 행복한 사람이다. 하지만 정작 리우 씨 자신은 고독하고 힘들다. 그는 이렇게 말한다.

"저는 주변에 친한 친구가 없어요. 그렇다고 부하 직원들과 터놓고 이야기를 나눌 수도 없지요. 사업을 잘 이끄는 것이 무엇보다 중요하고, 그러려면 일로 얽힌 사람들에게는 내 감정을 드러내지 말아야 하니까요."

리우 씨는 외롭고 우울하더라도 다른 사람들에게 자신의 감정을 드러내지 않아야 한다고 생각하고 있었다. 리우 씨 같은 중년 남자들이 의외로 많다. 마음을 터놓고 이야기할 친구가 없고, 대부분은 이런 상황을 그저 받아들인다. 리우 씨는 자기가 왜 우울하고 괴로운지 이유를 알지 못한다. 늘 감정을 억누르기 때문에 기쁨이나 슬픔을 밖으로 내비친 적이 없다. 회사에서 있었던 일을 집에서 이야기하지도 않는다. 하지만 그는 늘 고독을 느끼고, 그것 때문에 몹시 괴롭다.

심리학자들은 이렇게 말한다.

"사람은 내면세계가 닫혀 있으면 진정한 우정을 나눌 수 없고, 우정을 나누지 못하는 사람은 고독에 빠질 수밖에 없다. 이것은 중년의 위기에서 드러나는 전형적인 증상 중 하나이다."

중년의 나이에 속한 많은 사람들이 '늘 고독, 질투, 분노, 긴장을 느낀다'고 말한다. 하지만 타인을 배척하고 꺼리는 감정은 중년의 위기를 더욱 악화시킨다. 중년이 되면 삶의 부담감 때문에 젊은 날에 가졌던 열정과 낭만을 잃어버리기 일쑤다. 하는 일이 잘되든 잘 안 되든 고독하기는 마찬가지이다. 중년의 사람들은 복잡하고 다양한 삶의 양상에 잘 융화되지 못한다. 그래서 고독해지는 것이다. 이런 사람들은 시간을 갖고 자기 자신을 냉정하게 돌아볼 필요가 있다. 그래야 중년의 위기를 극복할 수 있다.

위기감과 적개심

중년이 되면 사람은 육체적, 정신적으로 달라진다. 특히 위기감과 적개심이 강해진다. 자기 나이에 걸맞은 성과를 이루지 못한 사람은 자괴감도 많이 느낀다. 반면 어느 정도 성과를 이룬 사람들은 상대적으로 편안하고 상냥한 태도를 보여준다. 이렇듯 사회에서 받는 평가는 중년의 심리 상태를 좌우하며 심신의 건강에도 영향을 준다.

리양은 오래 전에 회사 사장으로 취임했다. 사람들은 그가 크게 성공한 사람이라고 입을 모아 말한다. 하지만 끊임없이 노력해 계속 발전하지 않으면 한순간에 퇴보하는 것이 사회생활이다. 사람의 마음 또한 현실에 만족하지 못한다. 이미 중년에 접어든 리양도 마찬가지이다. 리양은 회사에서 대인관계도 좋은 편이다. 부하 직원이나 어려움에 처한 사람들을 기꺼이 도와주며, 그들과 소통하려고 노력한다. 그러나 사회에서 승승장구하는 사람들을 보면 적개심을 느낀다. 고속 승진을 하거나 남의 힘을 빌려 높은 자리에 올라가는 사람들을 보면 화가 나서 견딜 수가 없다.

집에서도 원인을 알 수 없는 초조감을 느낀다. 기분이 좋을 때는 아이들에게 굉장히 자상하고 따뜻하지만, 회사 일에 문제가 생기거나 기분이 나빠지면 종종 아이들에게 화풀이를 하기도 한다. 아내와 부부싸움도 한다. 그는 주변 사람들에게 적개심을 느끼는 심각한 마음의 함정에 빠져 있다.

이런 증상은 비단 리양만의 문제는 아니다. 중년에 접어든 사람들은 이와 비슷한 문제를 많이 겪는다. 적개심 때문에 왜곡된 심리를 갖게 되고, 그래서 고통스러워한다. 원인을 알 수 없는 초조함과 짜증 때문에 몸과 마음이 힘들어진다. 이렇듯 중년의 위기는 심신의 건강에 영향을 주기 때문에 자신의 감정을 들여다보고 잘 다스려야 한다.

불공평한 세상에 대한 **낙담과 원망**

중년의 위기에 나타나는 심리현상 중 하나는 다른 사람을 원망하고, 세상이 불공평하다고 한탄하고, 심리적으로 낙담하고 좌절하는 것이다. 중년이 되면 인생의 변화를 많이 겪게 된다. 친한 지인이 갑자기 세상을 떠나기도 하고, 회사에서 하루아침에 해고되는 등 예상치 못했던 일들이 줄줄이 일어난다. 좌절감도 깊어진다. 인생 전반에 대해 회의를 느끼기 시작하며, 삶을 바라보는 태도도 젊은 시절에 비해 비관적으로 변해간다. 이런 비관적인 마인드가 꽤 오랫동안 지속된다. 인생에 대해 느꼈던 행복감은 좌절감과 낙담으로 바뀐다.

리우쥔은 요즘 열정과 기쁨을 느끼지 못한다. 자신의 44년 인생이 갑자기 나락으로 떨어지는 것 같고, 자신이 책임져야 할 일들이 두려워지기 시작한다. 그래서 자신의 잘못을 다른 사람에게 떠넘기기도 했다. 곧 세상을 떠날 사람처럼 하루 종일 아무런 의욕이 없다. 일에서도 더 이상 열정을 느끼지 못한다. 언제 회사에서 잘릴지 몰라 극심한 스트레스에 시달린다. 그는 자신의 경쟁자들을 증오했고,

어떻게 해서든 그들이 실적 올리는 것을 막으려고 했다. 그런 태도에 대해 동료들이 불만을 제기하자 동료들에 대한 적개심이 더욱더 불타올랐다.

중년에 접어들면 상실감과 낙담이 보편적으로 나타난다. 내적 상실감 때문에 주변 환경에도 잘 적응하지 못한다. 마음의 문을 닫고 가식적으로 행동하기도 한다. 이들은 속으로 생각한다. '왜 나는 다른 사람들에게 주목받지 못하는 거지? 세상은 너무 불공평해.' 이들은 세상을 원망하면서 심리적 스트레스를 분출하고 잠시나마 위안을 얻으려고 한다.

성공한 남자들도 상실감을 피해가지는 못한다. 일에서는 성공했을지 몰라도 집에 가면 가사 일을 제대로 돌보지 못하는 아내를 보면서 실망한다. 아이들의 교육 문제 때문에 낙담하기도 한다. 중년의 위기에 빠진 사람들은 세상이 자기에게만 불공평하다고 생각하기 일쑤다. 세상에 대한 불만이 일상생활과 일에 지장을 주기 때문이다.

상실감과 낙담이 너무 깊거나 오래 지속되게 되면 삶을 불행하게 만든다. 지나치게 낙담하고 우울증에 시달릴 경우, 심리 치료를 받거나 장기 휴가를 내는 것도 좋은 방법이다. 배우자의 위로와 지지도 매우 중요하다. 수많은 중년들이 자신의 심리 문제를 애써 외면하지만, 심리적 위기는 일과 생활, 가정을 모두 망쳐 버릴 수도 있다.

성공 후의 **난관**

욕망에 이끌려 다니고 만족할 줄 모르는 사람들 역시 심리적 위기에 빠지기 쉽다. 우리 주변에는 성공한 사람들이 참 많다. 그들은 열정이 넘치고 무엇이든 열심히 한다. 불굴의 정신으로 끝없이 목표를 추구하고 높은 곳으로 올라간다. 적극적이고 진취적인 자세로 끝없이 새로운 목표에 도전한다. 그러나 그들의 내면은 불안과 초조로 가득하기도 하다.

빌은 성공한 남자이다. 빌의 아내는 그에 대해 이렇게 말한다.

"남들은 내 남편이 훌륭한 남자라며 칭찬하지만, 정작 내 남편은 별로 행복해하지 않아요. 그는 만족을 몰라요. 언제나 남보다 뛰어나야 하고 더 많이 가져야 하죠."

빌은 회사에서 인정받는 마케팅 전문가이다. 1천 명이나 되는 '골드 영업사원' 중에서도 가장 뛰어난 '최고 모범 사원'으로 선정되었다. 그의 판매 실적은 상상을 초월한다. 그가 혼자서 올린 실적이 국제 영업팀 전체의 실적을 합친 것보다도 많다. 그래서 '최고 모범 사원' 상을 받았다. 연말에는 '올해의 엘리트 상'을 받았고 상품으로 신형 자동차를 받기도 했다. 시상식이 성대하게 치러졌다. 사람들은 입을 모아 그를 칭찬했고, 회사에서는 그에 관련된 영상물까지 제작해 초대형 스크린에 상영했다. 말 그대로 모든 사람이 부러워하는 인물이 된 것이다. 하지만 그의 아내는 이렇게 말했다.

"사실 제 남편은 행복한 사람이 아니에요. 오히려 남들보다 더 외롭고 고독하죠. 항상 뭔가를 이루어야 한다는 강박관념에 사로잡혀 있고, 늘 스스로에게 회의를 느껴요. 명예를 얻었고 월급도 많이 받지만 소용없어요. 항상 뭔가 부족하다고 생각하니까요. 어떤 때는 가족들의 존재조차 잊는 것 같아요. 저 역시 가끔 이 남자가 진짜 내 남편인가 의심스러울 때가 있어요. 그이가 뭘 하고 싶어 하는지, 무슨 생각을 하는지 정말 모르겠어요. 집에서도 제가 큰 소리로 불러야만 대답을 하죠. 사람들은 그가 완벽한 남편이라고 생각할지 모르지만, 저는 되레 그에게 실망하고 있어요. 저에게서 점점 멀어져 가는 것 같거든요. 남편과 한 가족이라는 생각이 든 적이 한 번도 없는 것 같아 마음이 아파요."

빌은 성공만 추구하고 실패를 두려워하는 마음의 함정에 빠져 있다. 사실 성공한 사람들 중 많은 사람들이 이런 함정에 빠져 있다. 그러나 이런 마인드는 스스로에게 해로운 영향을 미칠 뿐만 아니라 주변 사람들까지 해친다. 이들은 꿈을 이루었지만 정말 중요한 어떤 것이 빠진 것 같은 상실감을 느낀다. 매우 노력하고 고군분투했지만, 정작 즐거움과 만족감을 느끼지 못하고 활력이나 에너지도 느끼지 못한다. 성공의 노예가 되어버린 것이다. 성공할수록 오히려 실망하고 허탈감을 느끼며 산다.

흔들리는 **가치관**

사람이 인생을 살면서 가장 고통스러울 때는 언제일까? 아마 자신의 삶을 지탱해준 가치관, 금전관, 인생관, 도덕관 등을 부정해야 할 때일 것이다. 특히 중년에 들어섰을 때 이런 상황에 자주 부딪히게 된다. 중년이 되면 예전의 가치관에 회의를 느끼고 그것을 부정하게 되는데, 그렇게 되면 마음이 매우 복잡하고 괴로워진다. 앞으로 어떻게 살아가야 할지, 무엇을 위해 살아야 할지 고민되기 때문이다.

양 선생은 올해로 결혼 15년차이다. 아이들은 열두 살이 넘었다. 겉으로 보기에 그의 가정은 매우 행복하다. 물론 양 선생도 예전에는 행복했고 자신의 생활에 만족했지만, 몇 가지 사건을 겪은 후 인생에 회의를 느끼게 되었다.

작년의 일이다. 그의 아버지가 병으로 사망하고 남동생 부부는 갑자기 이혼했다. 이 두 사건으로 인해 양 선생은 혼란에 빠졌다. 인간이 얼마나 나약하고 불완전한 존재인가를 깨달았다. 미래를 예측할 수 없으며 결혼은 영원한 것이 아니라고 생각했다. 양 선생은 괴로움을 느끼기 시작했다. 그때껏 갖고 있던 가치관을 부정하면서 자신의 과거를 돌아보기 시작했다.

특히 그간 열정을 쏟아 부었던 일과 공을 들여 쌓아온 좋은 남편, 훌륭한 아버지 역할에 대해 재평가하기 시작했다. 그동안 자신이 너무 큰 희생을 했으며 삶이 너무 고달팠다는 생각이 들었다. 모든 것이 결혼 때문인 것 같았다. 그는 결혼생활에 불만을 느끼기 시작했고, 결혼에 대한 책임감도 많이 없어졌다. 그는 더 이상 가족을 위해 희생하고 봉사하지 않았다. 다른 사람이 어떻게 보는지는 중요하지 않았다.

마침내 그는 외도까지 했고, 얼마 지나지 않아 아내에게 그 사실을 들켰다. 화목했던 가정은 한순간에 산산조각이 났다. 그의 아내는 몹시 상심했고 양 선생 역시 괴로웠다.

'내가 잘못한 것일까? 인생이란 결국 이런 것인가?'

양 선생은 평범하고 순탄하게 살아왔지만, 중년에 이르러 자신의 가치관과 도덕관을 바꿔버렸다. 중년의 위기를 극복하지 못하고 결국 가정 파탄을 일으켰다.

이상과 현실을 재정비하라

젊은 시절에는 패기와 도전정신을 갖고 무엇이든 할 수 있다. 젊음 자체만으로도 세상에 두려울 것이 없기 때문이다. 설령 실패하더라도 기회는 또 온다. 하지만 중년이 되면 그럴 수가 없다. 현실을 잘 파악하고 지나친 모험은 피하는 것이 좋다.

정 선생은 마흔 살의 직장인이다. 그는 안정적인 직장과 소득이 있고, 화목한 가정이 있다. 하지만 정 선생은 만족하지 못한다. 질투심 때문이다. 자기보다 능력이 못하다고 생각한 동료가 사업을 시작해 잘되는 것을 보자 기분이 이상하고 마음이 편치 않았다. 그는 그 동료가 자기보다 잘났다고 생각하기 싫었다. 그는 질투심과 이기고 싶은 욕망 때문에 회사를 그만두고 사업에 뛰어들었다. 아내의 만류에도 아랑곳하지 않고 식당을 차렸다.

하지만 현실은 냉혹했다. 정 선생의 식당은 반년 만에 엄청난 손해를 보고 문을 닫았다. 정 선생은 지기 싫은 마음에 다시 무역회사를 차렸다. 하지만 무역회사 역시 얼마 못 가 막대한 손실을 입었다.

이후 다양한 사업에 손을 댔지만 한 번도 성공을 거두지 못했다. 결국 그는 아르바이트를 하며 생계를 꾸려나가게 되었다.

일이 순탄하지 않자 정 선생은 좌절감을 느꼈다. 아내와 자주 말다툼을 했고 이혼 위기까지 갔다. 너무나 실망한 나머지 그는 우울증에 걸렸다. 속내를 털어놓을 사람이 주변에 아무도 없다고 생각했다. 설상가상으로 아버지마저 세상을 떠났다. 장례 치를 돈이 없었던 정 선생은 형제들과 크게 다툰 뒤 가출했다. 집에 다시 돌아왔지만 아내와 자녀들은 냉랭했다. 그는 절망에 빠졌고 세상을 한탄했다.

이상과 현실에 대해 진지하게 생각하지 못했기 때문에 이런 상황이 발생한 것이다. 정 선생은 동료에 대한 질투심과 지기 싫다는 욕심 때문에 경솔하게 행동했다. 젊은 시절에는 포부를 가지고 이상을 실현하기 위해 힘차게 앞으로 나아가도 되지만, 중년이 되면 이상과 현실을 적절하게 조화시켜야 한다. 각자 자신에게 맞는 생활방식이 있고 걱정과 괴로움도 있다. 충동적으로 비현실적인 목표를 설정하면 실패만 돌아올 뿐이다. 중년은 특히 그렇다.

중년의 위기를 넘어서라

중년이 되면 많은 사람이 위기에 직면한다. 이때 겪는 고민과 고통은 중년의 가장 큰 시험대가 된다. 그러나 중년의 위기는 생리적인 나이에 좌우되는 것이 아니라, 그 사람의 마음가짐에 좌우된다. 중년의 위기에서 빠져나오지 못하고 심리적으로 무너지면 우울함, 초조함, 불안, 두려움, 실망, 원망 등 많은 비관적인 감정이 분출된다. 이런 감정들은 심리적 부담을 가중시키고 건강까지 위협한다.

〈미션 임파서블 3〉가 개봉된 후 톰 크루즈는 연기가 예전처럼 좋지 않다는 혹평을 받았다. 그에 관해 보도된 뉴스들은 모두 부정적이었다. 외도, 전처와의 불화 등 온갖 부정적인 뉴스만 보도되었고, 사람들은 그의 환한 미소와 잘생긴 얼굴에 더 이상 열광하지 않았다. 〈작전명 발키리〉가 개봉되었을 때에도 대부분의 매스컴은 악의적인 기사를 내보내며 이 영화가 실패작이 될 거라고 혹평했다. AP 통신은 '정말 형편없는 영화"라고 평했고, 「뉴욕 타임스」는 "톰 크루즈가 가장 치명적인 오점을 남겼다"고 말했다. 독일 매스컴 역시

"영화는 팝콘보다 못했다"고 평했다. 톰 크루즈에 대한 부정적인 여론은 그가 중년의 위기에 접어들었음을 암시했다.

톰 크루즈는 벌써 20여 년째 영화계에 몸담고 있었다. 오랫동안 할리우드의 대표 배우로 불렸지만 〈미션 임파서블 3〉를 찍은 후 배우로서 인기가 하락하기 시작했다. 그 전까지는 심각한 스캔들 없이 좋은 평가를 받고 긍정적인 이미지를 유지해왔지만, 자신도 모르는 사이에 할리우드가 반기지 않는 중년 남자로 변해 있었다. 해외 연예 사이트에서도 이 일에 관심을 갖고 분석하기 시작했다. '톰 크루즈는 왜 미운 오리새끼가 되었을까?'

하지만 톰 크루즈는 여전히 긍정적인 생각을 갖고 있었다. 그는 자신의 본업에 충실하면서 열정과 에너지를 더 열심히 쏟아 부었다. 브라이언 싱어 감독 역시 "톰 크루즈는 누구보다 훌륭한 배우"라고 칭찬했다. 매스컴은 계속 공격했지만, 톰 크루즈는 20년 전 전 세계 사람들을 매료시킨 미소를 여전히 머금었다. 2008년 말 잡지 『디테일스』에서 '세계에서 가장 영향력 있는 남자 배우 40인'을 뽑았는데, 그가 3위를 차지했다.

나중에 톰 크루즈는 사실 중년의 위기가 찾아왔었다고 솔직하게 시인했다. 하지만 주변 사람들과 일에 대한 책임감 그리고 신앙심이 위기를 극복하게 해주었다고 고백했다.

중년의 위기가 찾아오더라도 긍정적인 마인드로 넘겨야 한다. 살다 보면 견디기 힘든 순간이 있고 좌절할 때도 있다. 그러나 좌절과 실패를 담담하게 맞이하고, 감사하고 용서하는 마음으로 하루하루를 보내야 한다. 중년의 위기는 인생에 찾아오는 일시적인 고비일 뿐이다.

진주조개는 외부의 자극을 많이 받을수록 더욱 아름답고 영롱한 진주를 만들어낸다고 합니다. 상처 입은 조개가 그 상처를 아물게 하려고 노력하는 과정에서 그 어떤 보석보다 아름답고 숭고한 진주가 만들어지는 것입니다.

'나는 왜 매번 같은 실수를 반복할까?' '나는 왜 늘 이 모양일까?' '나는 왜 항상 눈앞에서 기회를 놓치는 것일까?' '왜 간절히 바라고 원하는 것은 내 것이 아닐까?' 우리는 누구나 이런 생각들로 자신을 괴롭히고, 그 누구보다 아끼고 사랑해야 하는 나 자신에게 생채기를 내곤 합니다.

혹시 나의 의지가 박약하지는 않은지, 스스로를 저평가하고 있지는 않은지, 허영심과 아집으로 똘똘 뭉치진 않았는지, 눈앞의 이익에만 연연하지는 않았는지, 현실을 외면하거나 자아도취에 빠지지는 않았는지 한번쯤 냉정하게 살펴볼 필요가 있습니다.

시시각각 변하고 바쁘게 돌아가는 현대사회를 살아가면서 우리는 자신도 모르는 사이에 좋지 않은 습관이나 생각들을 한두 개씩 갖게 됩니다. 그런데 어떻게 해야 이런 마음의 함정들을 피하고 극복할 수 있을까요? 단점을 고치고 장점을 살리는 것, 자신에 대한 비판을 줄이고 긍정적으로 생각하는 것, 스스로를 정확하고 객관적인 시각으로 바라보는 것, 이성으로 감정을 조절하는 것, 마음속의 나쁜 에너지를 밖으로 내보내는 것. 이 모든 것이 마음의 함정을 극복하는 데 도움이 될 것입니다. 굳은 결심과 의지만 있다면 충분히 할 수 있습니다.

인생은 시행착오의 연속입니다. 하지만 인생에는 모범답안이 있는 것도 아닙니다. 이 책을 읽은 뒤, 내가 부정적인 생각과 나쁜 습관들의 노예가 되어 하기 싫은 숙제를 억지로 하듯 하루하루를 무의미하게 살아가고 있는 것은 아닌지 돌아볼 여유를 가질 수 있으면 좋겠습니다.

이 책은 우리가 자주 빠질 수 있는 마음의 함정 17개를 주제로 다양한 에피소드들을 담아낸 책입니다. 이 에피소드들을 통해 나는 어떤 사람인지, 어떤 마음의 함정에 빠졌는지 생각해보는 시간을 갖고, 내가 갖고 있는 나쁜 에너지와 부정적인 생각들을 걸러낸 뒤 건강한 자아를 만들어 성공적인 인생을 살아갈 수 있기를 기원합니다.

이예원

일생 동안 꼭 피해야 할 17가지

마음의 함정

초판 1쇄 인쇄 2021년 03월 10일
초판 1쇄 발행 2021년 03월 15일

지은이 · 사오유에
옮긴이 · 이예원
펴낸이 · 윤세민
편집주간 · 강경수
디자인 · 디자인오투 이종헌
물류지원 · 이주완
펴낸곳 · ㈜산솔미디어

등　록 · 제 406-2019-000036 호
주　소 · 경기도 파주시 재두루미길 150, 3층(신촌동)
(서울사무소) 서울시 마포구 월드컵북로5길 65(서교동), 주원빌딩 201호
전　화 · 02-3143-2660
팩　스 · 02-3143-2667
이메일 · sansolmedia@naver.com

ISBN 979-11-968053-4-0 (03190)

잘못된 책은 구입하신 서점에서 교환해 드립니다.
책값은 뒤표지에 있습니다.

신뢰는 입신(立身)의 근본이다. 신뢰를 지키려면 쉽게 약속하지 않는 것이 최선책이다. 그래야 신의를 저버리는 실수를 하지 않게 된다. 심사숙고하지 않고 다른 사람의 요구를 쉽게 수락했다가 나중에 약속을 못 지키게 되면 신뢰를 잃게 된다. 일단 약속한 것은 그것이 무엇이든 반드시 지켜야 한다.
'한 번 한 말은 천금과도 같다'는 말이 있다. 공자는 "민무신불립(民無信不立)"이라고 말했다. 사람의 언행은 신뢰를 기본으로 해야 한다는 뜻이다.

중년이 되면 왠지 불안과 초조감을 느끼게 된다. 도전할 목표가 없어서 전력투구할 수 없고, 왠지 의기소침해지며, 매사가 즐겁지 않고 짜증만 난다. 일과 가정에서 이중으로 스트레스를 받기 때문에 몸과 마음이 모두 지친다.
이른바 '중년의 위기'에 빠져 비관적인 마인드를 갖게 되고 심리적으로도 문제가 생긴다. 심리적 문제는 신체로 고스란히 나타난다. 반면 긍정적인 마인드를 가지고 중년을 맞이하는 사람은 이 시기를 잘 넘길 수 있다.